# JESUS CHRIST

# 예수님은 그리스도 이십니다

남재봉 지음

쿰란출판사

# 예수님은

# 그리스도
# 이십니다

## 추천사

남재봉 장로님을 생각하면 바울이 디모데에게 한 말씀이 생각납니다.

**"그러나 너는 배우고 확신한 일에 거하라…"(딤후 3:14).**

왜냐하면 남재봉 장로님은 동선교회에서 37년간 신앙생활을 하시며 하나님의 말씀을 부지런히 배우고 복음의 비밀을 간직했다가 양떼들에게 확신 있게 가르치신 분이기 때문입니다.

모든 예배에 진실함으로 하나님을 예배하며 새벽예배도 빠지지 않고 나와 늘 정해진 자리에서 기도하며 신앙인으로서 본을 보여주셨습니다.

새가족 양육을 담당하며 장로님에게 말씀을 배운 새가족들마다 장로님의 열정과 사랑에 깊은 감명을 받았다며 칭찬일색이었고 복음의 기초를 확실히 깨달았다는 피드백을 들을 때마다 어찌나 감사한 마음이 드는지 모르겠습니다.

《예수님은 그리스도이십니다》라는 책을 집필했다는 소식에 동선교회가 발굴해 낸 귀한 인재이며 열매라는 생각에 장로님께 더욱더 감사한 마음이 생겼습니다. 이 책은 하나님을 사랑하는 마음과 영혼구령의 열정이 함께 녹아있는 책이라고 확신합니다.

2025년 12월 10일

박지훈

(동선교회 담임목사)

## 프롤로그

**지금 이 책을 펼친 당신을 환영해요. 하나님이 오늘 당신의 마음에 특별히 말씀하시기를 기도합니다.**

이 땅에서 마지막 숨을 내쉬고 눈을 감았습니다. 그리고 눈을 다시 떴을 때, 펄펄 끓는 유황불이 눈앞에서 타오르고 있다면 어떨까요? 아마 숨이 막히고 가슴이 서늘해질 것입니다. 그곳은 분명 지옥일 것입니다. 그 순간에는 아무리 울부짖어도, 아무리 소리쳐도 이미 늦습니다. 이미 돌이킬 수 없는 사실이 되어버렸으니까요.

우리는 모두 오늘이라는 선물을 받았습니다. 그래서 이 땅에 살아 있을 때가 기회입니다.

우리는 이 짧은 인생이 얼마나 소중한지 다시 느낍니다. 지금 이 순간이 예수님을 잘 믿을 수 있는 기회이고, 구원을 얻을 수 있는 마지막 시간임을 알기에, 살아 있을 때 회개하고 복음을 받아들이는 것이 얼마나 중요한지 절실히 느껴지기에, 함께 걸어가자는 뜻으로 새가족용 작은 책을 만들게 되었습니다.

부족한 저는 교회에서 중·고등부 교사, 부장집사로 20년을 섬기고 교구에서 양육위원장을 10년 동안 맡았습니다. 지금은 새가족 양육위원장으로 4년째 섬기고 있어요. 늘 '가르치면서 배우자'는 마음으로 달려왔지만, 여전히 제 안에는 목마름이 있습니다. 더 배우고 싶고, 더 깊이 알고 싶고, 더 사랑하고 싶습니다.

배우고 가르치면서 정말 많은 사람을 만났습니다. 복음에 별 관심이 없는 사람들, 구원이 얼마나 큰지 모르는 사람들, 죽음 이후에 어떤 세상이 있는지 전혀 생각하지 않는 이들을 수없이 보았습니다. 솔직히 그 모습을 볼 때마다 마음이 무겁고 안타까웠습니다.

물론 하나님께서 작정하신 때에 부르시는 은혜가 있다는 것도 압니다. 또 제가 가르치는 방식이 부족해서 복음이 마음 깊이 심기지 못했을 수도 있겠지요. 그러나 구원의 소식을 듣고도 반응하지 않는 사람이 많은 현실이 참 안타깝습니다. 구원이 얼마나 큰 선물인지, 죽음 이후의 길이 얼마나 분명한지 알면 결코 무심할 수 없을 텐데요.

사람들은 대부분 오늘의 문제, 먹고사는 문제에 관심이 많고, 죽음 이후의 세상까지 앞당겨 생각하는 사람은 드물지요. 그러나 세월은 결코 기다려주지 않습니다. 하루하루가 얼마나 빠르게 흐르는지 피부로 느끼실 것입니다. 1년이 눈 깜짝할 사이에 지나가고, 어느새 또 생일이 다가오죠. 결국 우리 모두는 죽음의 문턱 앞에 서게 됩니다.

죽음의 문은 누구나 한 번은 통과해야 합니다. 그 앞에 서는 날이 올 때 후회하지 않으려면, 지금 준비해야 합니다. 오늘이 바로 구원의 날입니다.

오늘, 지금이 중요합니다.

죽음을 생각하면 삶이 달라집니다. 사소한 일로 화내는 시간을 줄이고, 미루던 사랑을 실천하게 되고, 용서를 뒤로 미루지 않게 됩니다. 오늘의 미소 하나, 따뜻한 말 한마디가 영원으로 이어진다는 사실을 깨닫게 됩니다. 지금의 작은 선택이 내 영원을 결정한다는 걸 기억하십시오.

저 역시 여전히 배우는 중입니다. 가르치며 깨닫고, 기도하면서 다시 복음을 붙듭니다. 때로는 넘어지고 지칠 때도 있지만, 그럴 때마다 주님은 제 마음에 복음으로 힘을 주십니다.

"주님이 살아 계시니 우리도 다시 살리라"는 약속이 우리의 심장을 다시 뛰게 하거든요. 아쉬움에 눈물도 흐르지만 동시에 소망도 피어납니다.

물론 마지막 순간을 떠올리면 두려움이 완전히 사라진 건 아닙니다. 숨을 내쉬는 그 순간이 어떨지 생각하면 떨림이 생깁니다. 그런데 주님이 먼저 죽음의 강을 건너셨다는 사실을 기억하면, 혼자가 아니라는 확신이 우리 마음에 잔잔히 스며들지 않습니까? 부활의 능력으로 말입니다.

그래서 우리는 조금씩 죽음을 준비해야 하지 않을까요? 재산을 정리하는 일도 중요하겠지만, 무엇보다 하나님과의 관계를 바르게 세우는 일이 필요하겠지요. 말씀을 가까이하고 기도의 자리에 앉으며 구원의 확신을 붙드는 것, 그것이 진짜 준비입니다.

죽음을 묵상하면 삶의 속도가 달라집니다. 서두르기보다 정직을 선택하고, 소유보다 관계를, 화보다 온유를 선택하려는 마음이 자라납니다. 작은 친절 하나가 누군가의 밤을 밝힐 수 있다는 사실을 더 자주 기억하게 되지요.

죽음은 끝이 아니라 새로운 시작입니다. 오늘 눈을 감고 내일 눈을 떴을 때, 주님의 품에서 영원한 안식을 누릴지, 아니면 돌이킬 수 없는 곳에서 후회할지는 지금의 선택에 달려 있습니다. 오늘이 은혜의 날입니다.

늦기 전에 십자가 복음을 붙드시면 어떨까요? 바로 오늘이 다시 시작할 수 있는 기회임을 알기에 비록 작은 분량의 책이지만 선택의 기로에서 도움이 되었으면 좋겠습니다.

그리고 기초가 튼튼해야 허물어지지 않는 것처럼, 예수 그리스도의 터 위에 우리의 믿음이 세워진다는 것을 마음으로 보시면 많은 도움이 될 것입니다.

"예수님은 그리스도이십니다"(요일 5:1).

이 엄청난 비밀을 많은 교회에 새가족으로 오시는 분께 가르치면 분명히 효과가 있을 것이고, 믿음생활 하시는 데 보탬이 될 것입니다.

지금도 4과 양육, 8과 양육은 계속되고 있습니다.
이 양육을 받는다고 다 변화되는 것은 아닙니다.
그런데 믿음으로 "예수님은 그리스도이십니다"
과정의 원리를 깨닫는 자는 삶이 변화되고
교회에 정착하는 것을 봅니다.
성령님의 역사이고, 주님이 하셨습니다.

이 책이 나오기까지는 전적으로 하나님의 은혜이요, 목사님과 장로님들과 많은 성도님들의 기도의 힘이 있었고, 특히 눈물로 기도하시는 어머니 권사님과 사랑하는 아내 정 권사님께 감사합니다. 든든한 후원자요, 믿음의 동역자인 큰딸 민진, 작은딸 민혜에게도 감사합니다.

2026년 1월

남재봉 드림

## 차례

# 믿음의 여정을 함께 걸어요

# 1.

# 위기의식을 가지자

## (복음으로 깨어 준비하는 신앙)

지금은 위기의 시대입니다. 복음으로 다시 일어설 수 있을까요?

모두가 흔들린다고 말하는 지금, 예수 그리스도의 이름을 가슴에 새길 때입니다. 한국사회는 인구절벽 앞에 서 있습니다. 뉴스에 의하면 2025년 초등학교 1학년으로 등록한 수가 약 33만 명이었다는데, 이 또한 매년 감소 추세를 보이고 있습니다. 군 병력도 한때 60만 명을 훨씬 넘었는데 지금은 45만 명으로 급감했습니다. 군 전문가에 의하면 무기가 과학화되어 신무기를 갖추고 있어도 50만 명은 있어야 전투에 승산이 있다는데 5만 명이나 부족한 것도 심각한 문제 중 하나입니다. 이러한 상태로 50년이 지나면 나라의 존립마저 위태롭다고 하는데 우리는 이 사실 앞에 얼마나 반응을 하고 있는지요?

이뿐만 아니라 기독교의 현 상황을 살펴보자면, 20년 전에는 우리나라 교회의 수가 약 5만 교회, 목회자 10만 명이었는데 지금은 약 2만 교회에 목회자가 약 2만 5천 명이고, 신학생 수는 얼마 안 된다고 합니다. 더구나 전국 2만여 개 교회 가운데 절반 이상이 중·고등부를 잃어가는 현실입니다.

숫자가 줄었다는 통계 이면에는 다음 세대의 신앙 토대가 약화되고 있다는 깊은 신호가 숨어 있습니다. "정말 이대로 괜찮을까요?"라는 물음이 자꾸 입술에 맴도는 때입니다.

팬데믹의 파도는 교회에도 깊은 상흔을 남겼습니다. 코로나 이후 문을 닫은 교회가 1만여 곳에 이른다는데, 미국의 한인교회도 3,500개에서 2,800개로 줄어든 상황입니다. 다원주의와 자유주의 성향이 확산되며, 복음의 본질이 서서히 희미해지는 현상도 곳곳에서 포착되고 있습니다. 그러나 통계보다 더 큰 문제는 따로 있습니다. 진짜 위기는 건물이 사라지는 게 아니라 복음의 불길이 식어가는 것입니다.

더 심각한 문제는 우리나라 다음 세대의 복음 정착률이 2.5% 이하가 된 것입니다. 이러한 현실이 이미 오래되었는데도 인구감소를 핑계로 자연적인 현상이라고 말하고 있으니, 위기의식을 가져야 하지 않을까 싶습니다.

2.5% 이하는 미전도국가나 다름없는 수치입니다. 한때는 우리나라 복음 성장률이 세계 최고였다고 하는데 지금은 아프리카, 남미에 밀려 등수에 들지 못할 뿐 아니라 한참 아래서 밑도는 처지가 되어 버렸습니다.

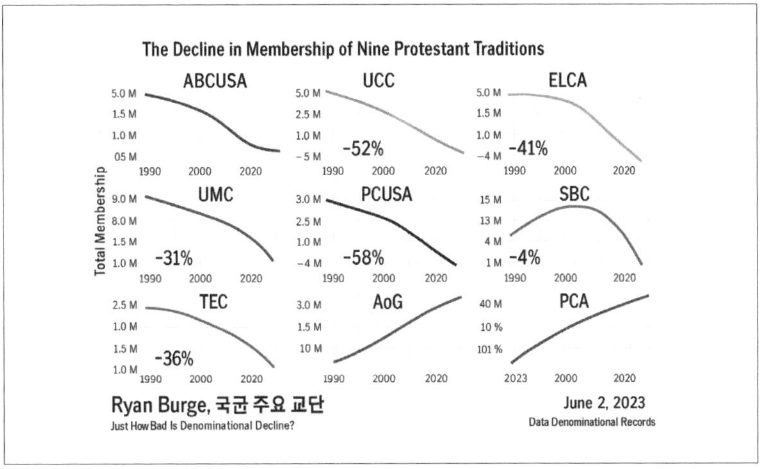


또한, 교회에 나가지 않는 이른바 '가나안 성도'가 수백만 명이라고 합니다. 신앙고백을 공적 자리에서 드러내기 주저하는 분위기도 뚜렷해졌습니다.

우리나라 공공방송에서 복음을 전하지 못하는 것은 물론이고 간증, 하나님의 이름, 예수님의 '예'자도 꺼내지 못하게 하는 것은 이미 한참 된 이야기입니다. 이러한 현상은 기독교 국가라는 미국에서도 마찬가지입니다. 미국의 국가행사에서도 예수님의 이름을 명시하지 못하는 장면이 연달아 보도되곤 합니다. 신앙의 언어가 공적 대화에서 밀려나는 시대, '나는 어떤 목소리를 내고 있는지' 스스로 묻게 됩니다.

지난 수십 년 동안 북미 여러 교단이 20~60% 축소되었다는 보고가 이어졌는데, 자유주의 성향의 교단은 더 빠르게 쇠퇴했고, 일부

보수적 복음주의 교단은 오히려 소폭의 회복을 경험했다는 분석도 나오고 있습니다.

이 흐름이 무엇을 말해 줄까요? 핵심 복음을 선명히 붙든 공동체는 위기 속에서도 다시 숨을 쉴 수 있고, 거센 물결을 타고 오를 수 있다는 희망을 보여주는 것이라 할 수 있습니다.

다시 말하자면, 복음의 본질을 흐리면 번듯한 활동이 있다 해도 생명력이 약해지는 것을 보여주는 것입니다.

결론은 단순하지만 분명합니다. 예수 그리스도만이 길·진리·생명이라는 복음을 마음판에 새기고 담대히 전하는 교회만 살아남는다는 뜻입니다. 프로그램이 교회를 견인하는 듯 보일 때도 있지만 실제로 공동체를 세우는 힘은 복음의 중심성에서 흘러나오는 것입니다. 우리는 지금 다시 중심으로 귀환해야 합니다.

위기일수록 우리는 영적 창조성을 회복해야 합니다. 복음을 변형하자는 뜻이 아닙니다. 불변의 복음을 시대의 언어로 담대하게 전하자는 제안을 하는 것입니다. 아이들에게는 스토리로, 청년에게는 질문으로, 장년에게는 간증으로, 이웃에게는 섬김으로 복음을 번역해야 합니다. 본질은 바꾸지 않되, 통로는 더 따뜻하고 선명하게 여는 지혜가 필요한 것입니다.

다음 세대의 예배가 사라져가는 지금, 가정이 가장 작은 교회가 되어야 합니다. 식탁에서 짧게라도 기도하세요. 부모의 한 줄 고백은 아이의 인생을 바꾸는 씨앗이 될 것입니다. 작은 불빛이 모이면 어둠은 옅어집니다.

“복음을 말하면 혹시 미움받지 않을까?” 두려움이 앞설 때가 있습니다. 그러나 사랑으로 진리를 말하면, 하나님이 길을 여십니다. 때로는 침묵이 지혜일 때도 있지만, 침묵이 비겁함이 되지 않도록 우리는 마음을 점검해야 합니다. 예수 그리스도의 이름을 부끄러워하지 않는 담대함은 결국 생명의 통로가 될 것입니다.

교회의 화려한 행사도 좋지만 사람을 변화시킬 수 있는 것은 오직 예수님이요, 십자가 사랑입니다.

이러한 변화를 시작으로 교회의 리더십도 재정립이 필요하다는 것입니다. 모임의 많고 적음보다, 복음 중심성과 성령의 인도를 우선하는 구조로 재배치해 보시면 어떨까요?

예배는 하나님께 집중하고, 양육은 말씀으로 깊어지며, 사역은 지역을 향해 열려야 합니다. 간단하지만 본질적인 재설계가 위기 돌파의 시작이 될 것이라고 생각합니다.

결국 우리는 한 문장으로 귀결됩니다. ‘오직 예수, 오직 복음.’ 이것이 교회 회복의 길이며, 개인 구원의 능력입니다. 세상은 더 복잡해지겠지만 우리의 중심은 더 단순해져야 합니다. 예수님의 십자가와 부활, 그분의 유일성과 사랑을 가슴에 새기면, 위기는 기회로 바뀌게 될 것입니다.

"예수님은 그리스도이십니다"(요일 5:1)라는 말씀으로 4년째 새가족을 양육하고 있는데, 변화의 물결이 서서히 흐르고 있습니다.

한 여집사님이 다른 교회에서 30년 믿음생활하시다가 같은 업종에서 일하시는 권사님의 소개로 우리 교회에 오게 되었습니다. 그쪽 큰 교회에서 봉사도 많이 하셨고 많은 영혼을 인도하셨던 분인데 관리하고 양육하는 과정에서 조금 상처를 받으셨던 것 같습니다. 이분이 우리 교회에 나오기 시작하여 4과 양육을 받으시고 8과 양육을 받으시다가 십자가 사랑을 깨닫고 너무 좋아하시는 것입니다.

30년 교회를 다녔지만 자기는 종교인으로 열심히 일을 했던 것 같다고 하시는 것입니다. "예수님은 그리스도이십니다"라는 십자가 복음을 다시 체계적으로 듣고는, 이 복음이 몸에 배도록 하겠다고 지금 네 번째 반복하여 듣고 있습니다. 그러면서 자녀들에게 이 복음을 전하고 가르치고 있고, 많은 이웃에게 복음을 전하는 복음의 전달자로 살고 있습니다.

"예수님은 그리스도이십니다."

이 복음의 비밀을 끝까지 보시는 분에게는 하나님의 은혜가 넘쳐 깨달아지게 될 줄 믿습니다.

이 십자가 복음만이 사람을 변화시키고 삶의 질이 달라지게 합니다.

## 교안

- 제목: 위기의 시대일수록 복음의 본질로 돌아가야 교회와 성도가 다시 산다.
- 주제: 지금은 위기를 외면할 때가 아니라, 복음의 본질에 깨어 다시 준비할 때다.
- 본문: 요한일서 5:1
- 학습 목표: 한국 사회와 교회의 위기를 직면하고, 복음 중심의 믿음으로 새롭게 결단한다.

1. 아이스브레이크 (3분)

(서로 토론하기)

질문: “여러분은 최근에 ‘교회가 위기’라는 말을 들어본 적 있으신가요? 어떤 느낌이 들었나요?”

자연스럽게 ‘위기의 시대’라는 주제로 연결하기.

2. 지금 나의 믿음 진단

3. 십자가 복음으로 회복되고 살 수 있다.

# 2.

# 나는 누구인가요?

## (하나님 안에서 나의 정체성 확인하기)

가을 햇살이 포근하게 퍼지던 오후였어요. 이 교수는 오전 강의를 마치고 점심을 먹고 라떼 한 잔을 들고 캠퍼스 벤치에 앉아 잠시 숨을 돌리고 있었습니다. 나뭇잎은 노란빛으로 물들었고, 바람은 잔잔하게 스쳐가며 생각에 잠기게 합니다.

그때 멀리서 누군가가 헐레벌떡 달려오는 모습이 보였어요. 자세히 보니, 자주 상담하던 제자 김 군이었습니다. 이 교수는 미소를 머금으며 그를 불렀습니다.

"어이, 김 군! 어딜 그렇게 급히 가는 거야?"
김 군은 땀을 닦으며 말했어요.
"오후 수업 시간이 다 돼서요. 지각할까 봐 뛰는 중이에요."

이 교수는 조용히 웃으며 그에게 양해를 구하고 잠깐만 앉아 이야기 좀 하자고 하면서 차분하게 묻기 시작했어요.

"그렇게 달려가서 수업 듣고 나면 무엇 할 건데?"

"리포트 준비해야 해요."

"리포트 끝나면?"

"기말고사 공부해야죠."

"시험 다 끝나면?"

"이력서 써서 취업 준비할 겁니다."

"취업하면?"

"일하면서 결혼도 해야죠."

"결혼한 뒤엔?"

"아이 낳고 키우고 살아가겠죠."

"그리고 시간이 지나면?"

"노후엔 여행도 다니고, 쉬고 싶어요."

"그다음엔?"

"죽겠죠…?"

"그래서 자네는 지금 죽음을 향해 달려가고 있구먼?"

그 한마디에 김 군은 말문이 막혔어요. 방금까지도 분명한 계획이라 여겼던 삶의 이정표들이, 순식간에 공허하게 느껴졌죠.

나의 정체성은 어디에 뿌리내리고 있을까요?

"나는 누구인가요?" 이 질문은 단순한 호기심이 아니라, 삶의 중심을 잡는 본질적인 물음이에요.

우리는 이름이 있고, 주민번호가 있고, 학력과 직장이 있어요. 하지만 그런 외적인 것들이 진짜 나를 설명해 주는 것일까요?

사람들은 "좋은 직업이 나를 증명해 줘요", "결혼하고 안정되면 괜찮은 인생이죠"라고 말하지만…과연 그게 나의 진짜 정체성일까요?

그건 단지 내가 하는 역할들일 뿐이지, 내 존재의 본질은 아니에요. 우리는 태어날 때 스스로를 정의하지 않았습니다. 누군가의 아들, 딸로 불렸고, 누군가의 기준에 따라 평가받고 자랐어요.

그러다 보니 '나는 누구인가?'라는 질문을 피하고 살아오지 않았나요? 그러나 진짜 정체성은 외부로부터 오는 게 아니라, 창조주 하나님으로부터 시작됩니다.

"너는 내 것이라. 내가 너를 지명하여 불렀나니 너는 내 것이다" (이사야 43:1).

우리는 우연히 존재하는 게 아니에요. 하나님의 사랑과 목적 안에서 태어난 특별한 존재입니다.

세상이 말하는 정체성은 바뀌기 쉬워요. 나이가 들고, 직업이 바뀌고, 상황이 달라지면 우리는 쉽게 흔들립니다. "나는 누구인가?" 묻는 이들에게 혹시 오늘 당신도 김 군처럼 무언가를 향해 바쁘게 달려가고 있지는 않나요?

잠시 멈춰 서서 이 질문을 해보세요.

"나는 누구인가? 나는 왜 살아가고 있나?

나는 누구에게 속해 있으며, 무엇을 위해 달리고 있는가?"

이 질문에 대한 답을 찾을 때, 우리는 진짜 자유와 평안을 경험하게 될 것입니다.

그 진짜 정체성은 하나님 안에서 발견이 됩니다.

## 교안

- 제목: 나는 누구일까요?
- 주제: 나의 정체성은 내가 무엇을 이루었느냐가 아니라, 하나님께 속한 존재라는 선언에서 완성된다.
- 본문: 이사야 43:1
- 학습 목표: '나는 하나님의 형상대로 지음 받은 자녀'임을 깨닫는다.

1. 아이스브레이크: '내가 가장 소중히 여기는 것' 나누기 (5분)

   예) 내 별명이나 애칭은 무엇일까요?

2. 말씀 나눔 (10분)

   본문을 다시 한번 요약 설명 해주면서 이사야 43:1 중심으로 말씀 나누기.

   나는 누구인가요? 나는 어디에 속해 있나요?

나는 무엇을 위해 살아가고 있나요?

이 물음에 대한 답을 찾을 때 우리는 흔들리지 않는 정체성과 참된 자유, 그리고 평안을 경험하게 됩니다. 나의 정체성은 세상에 있지 않고, 오직 하나님 안에 있습니다.

3. 적용 질문 (10분)

1) 나는 내 정체성을 어디에 두고 있었나요?

2) 오늘 실천할 한 가지는 무엇인가요?

기도

“사랑이 많으신 하나님 아버지, 우리가 누구인지 잊지 않게 하시고, 세상의 기준이 아니라 주님 안에서 우리의 정체성을 발견하게 하옵소서. 우리를 창조하시고 부르신 주님께 속한 자로, 흔들리지 않고 담대히 살아가게 하옵소서. 예수님의 이름으로 기도드립니다. 아멘.”

# 3.

# 모든 사람은 결국 죽습니다

## (죽음 앞에서 참다운 삶 깨달음)

사람은 누구나 결국 죽습니다. 남녀노소, 빈부귀천 가릴 것 없이 예외가 없습니다.

어떤 이는 나이 들어 천천히 삶을 마감하지만, 어떤 이는 세월호 사건처럼 너무 일찍 세상을 떠나기도 합니다. 자연재해, 교통사고, 질병 등으로 사실 언제 어떻게든 갑자기 죽을 수 있는 것이 현실입니다. 그래서 죽음을 생각하면 마음이 갑자기 서늘해집니다. 누구도 피할 수 없는 현실이라 더 그렇습니다.

그렇지만 성경은 우리에게 죽음을 외면하지 말고 오히려 지혜롭게 직면하라고 권면합니다. 우리는 보통 죽음 이야기를 꺼내는 걸 미루지요. 바쁘다는 이유로, 혹은 두렵다는 핑계로 뒤로 미뤄두지만, 결국은 맞닥뜨리게 될 인생의 필수 관문입니다. 젊은이도 노인도, 부자도 가난한 이도 결국 그 길을 걷게 되어 있습니다.

한 번 죽는 것은 사람에게 정하신 것이요 그 후에는 심판이 있습니다(히 9:27). 죽음은 종착역이 아니라 하나님 앞에 서는 문입니다. 그래서 우리는 오늘 하루도 허투루 살지 않고 더 조심스럽게 살고 싶어집니다.

우리가 죽음을 두려워하는 이유는 단순히 알 수 없는 세계라는 것 때문만은 아닐 것입니다. 성경은 죄의 결과가 죽음이라고 진단합니다. "죄의 삯은 사망"(롬 6:23)이라는 말씀은 육체의 생명이 끊어지는 순간만이 아니라, 하나님과의 관계가 영원히 단절되는 영적 죽음을 의미합니다. 이것이야말로 가장 무서운 죽음입니다.

그래서 죽음은 우리에게 중요한 질문을 던집니다. "너는 무엇을 위해 살았니?" "어떤 마음으로 사랑했니?" 우리는 순간 핑계를 찾지만, 양심이 조용히 대답을 요구합니다. 죽음을 깊이 생각할수록 삶의 방향이 선명해지고, 가치관이 정리되기 시작합니다.

누군가는 죽음을 모든 것의 소멸이라고 말합니다. 하지만 믿음의 눈은 다르게 바라봅니다. 죽음은 문이고, 그 너머에는 영원이 이어집니다. 그렇다면 오늘 하루는 결코 사소하지 않습니다. 지금 이 시간의 선택이 영원을 결정하는 순간이기 때문입니다.

죽음을 묵상하는 건 우울해지자는 뜻이 아닙니다. 오히려 삶의 순서를 다시 세우고, 미루어둔 사랑과 용서를 당장 실천하게 하는 은혜의 시간입니다. 오늘의 작은 미소, 따뜻한 말 한마디가 영원으로 이어진다는 걸 기억하면 좋겠습니다.

우리는 장례식장의 고요함을 떠올립니다. 울음과 한숨 사이에서 이상하게도 평안이 느껴질 때가 있었습니다. "주님이 살아 계시니 우리도 다시 살리라"는 약속이 제 마음을 다시 뛰게 해주었기 때문입니다.

물론 두려움이 완전히 사라진 것은 아닙니다. 마지막 숨을 내쉴 순간을 상상하면 심장이 떨리기도 합니다. 그러나 주님이 먼저 죽음의 강을 건너셨다는 사실을 떠올리면, 혼자가 아니라는 확신이 잔잔하게 다가옵니다.

그래서 우리는 조금씩 죽음을 준비하려고 합니다. 재산을 정리하는 일도 필요하지만, 더 중요한 건 하나님과의 관계를 바로 세우는 일입니다. 말씀을 가까이하고, 기도의 자리에 앉아, 구원의 확신을 붙드는 것이 진짜 준비입니다.

죽음을 자주 생각하면 삶의 속도가 달라집니다. 서두르기보다 정직을 택하고, 소유보다 사랑을, 화 대신 온유를 선택하려는 마음이 생겨납니다. 작은 친절 하나도 누군가의 밤을 밝힐 수 있다는 사실을 더 자주 떠올리게 됩니다.

이 땅에서 영원히 살 수 없고, 죽을 수밖에 없는 자임을 깨닫는 것이 중요합니다. 그래서 복음을 붙들게 됩니다. 하나님은 우리를 절망 속에 버려두지 않으셨습니다.

## 교안

- 제목: 사람은 누구나 다 죽습니다(죽음 앞에서 본 삶)
- 주제: 사람은 누구나 죽음을 향해 가지만, 복음을 붙드는 자는 죽음 앞에서 절망이 아니라 영생의 소망으로 삶을 바로 세우게 된다.
- 본문: "한 번 죽는 것은 사람에게 정하신 것이요 그 후에는 심판이 있으리니"(히 9:27).

  "죄의 삯은 사망이요 하나님의 은사는 그리스도 예수 우리 주 안에 있는 영생이니라"(롬 6:23).
- 학습 목표: 죽음을 외면하지 않고 직면하며, 죄로 인한 죽음의 실체와 예수 그리스도 안에서 주어진 영원한 생명의 소망을 붙든다.

### 진행 흐름 (총 30분)

1. 아이스브레이크 (3분)

질문: "내가 꼭 이루고 싶은 소원 한 가지는 무엇인가요?"

2. 나눔 질문 (10분)

1) "죽음은 죄의 결과"라는 말씀을 어떻게 받아들이나요?

2) 오늘 하루 동안 영원을 준비하는 삶으로 바꿀 작은 실천은 무엇인가요?

죽음의 보편성: 모든 사람에게 예외 없이 닥친다.
죽음의 원인: 죄의 삯은 사망(영적 단절 포함)
죽음의 의미: 끝이 아니라 하나님 앞에 서는 관문
복음의 소망: 예수님은 부활로 죽음을 이기셨다.

3. 적용 & 기도 (5분)

적용: 미루고 있던 사랑이나 용서 한 가지를 오늘 실천하기.

기도

"주님, 누구나 죽음을 피할 수 없지만 주님이 먼저 죽음을 이기셨음을 믿습니다. 제 삶이 영원을 준비하는 하루 되게 하소서. 아멘."

나면서부터 죽을 때까지

한번
죽는것은
사람에게
정하신 것이요
그후에는
심판이
있으리니
(히브리서 9장 27절)

# 4.

# 지옥 가면 안 됩니다

## (좁은 문으로 힘써 들어가야 합니다)

가을볕이 포근하게 내려앉던 오후였어요. 한 청년이 조심스레 물었습니다. "목사님, 지옥이 정말 존재하나요? 그냥 상징 같다는 말도 많던데요…." 그때 목사님의 눈빛이 굳건해졌습니다. "지옥은 실제로 있습니다. 그리고 우리는 절대로 그곳에 가면 안 됩니다." 이 대답은 단순한 논리가 아니라, 한 영혼을 살리려는 간절한 호소였습니다.

예수님은 "좁은 문으로 들어가라"라고 말씀하셨습니다(마 7:13~14). 넓은 길은 편해 보이지만 결국 멸망으로 흐르기 쉽고, 좁은 길은 찾는 이가 드물지만 생명으로 이어진다고 하셨습니다. "좁은 문으로 들어가기를 힘쓰라"(눅 13:24)라고 더 분명히 당부하시는 것은, 대충이 아니라 의지적으로 붙드는 결단이 필요하다는 뜻입니다.

더 두려운 경고도 있습니다. “내가 너희를 도무지 알지 못하니…”(마 7:23)라는 주님의 선언이 등장합니다. 겉으론 종교활동을 했다고 생각했는데, 정작 주님과 관계가 없었다면 어떡하겠습니까? 그날 “모른다”는 말씀을 듣는다면, 그것은 영원한 단절을 의미할 것입니다.

성경은 지옥을 모호한 개념이 아니라 현실의 장소로 증언합니다. 지옥은 ‘불이 꺼지지 않는 곳’으로 묘사되며(막 9:47~49), 생명책에 기록되지 않은 자가 불못에 던져진다고 밝힙니다(계 20:14~15). 믿지 않는 자와 거짓된 길을 택한 자들의 끝이 불과 유황이 타는 못이라고 엄중히 말하는 것입니다(계 21:8). 이 말씀들은 단순한 비유가 아니라, 하나님께서 주신 분명한 경고입니다.

지옥은 원래 사탄과 그의 사자들을 위한 곳이라고 설명되어 있습니다(마 25:41). 그런데 사람이 육신 중심의 생각에 사로잡혀(마 16:23) 하나님의 뜻을 거부한다면, 결국 그 길을 따라가게 되는 것이지요. 부자와 나사로 이야기는 더 선명합니다(눅 16:19~31). 나사로는 아브라함의 품에서 위로를 받았지만, 부자는 불꽃 가운데 괴로워하며 혀를 서늘하게 해 달라고 간청했을지라도 이미 그 간극은 메울 수 없었던 것입니다. 회개를 미루면, 때가 지나버려 되돌릴 수 없게 되는 것입니다.

신성종 목사(충현교회)는 목회자이자 신학자로서 약 70권에 이르는 저술로 알려져 있습니다. 특히 《내가 본 지옥과 천국》에서 들려

준 증언은 우리의 영혼을 깨우는 외침이라 할 수 있습니다. 삶은 짧고, 죽음 이후에는 심판이 있습니다(히 9:27 말씀을 떠올리게 되죠). 지금의 선택이 영원의 문을 결정한다는 사실을 잊지 말아야 하겠습니다.

길은 오직 하나입니다. 예수 그리스도를 믿는 믿음뿐입니다. 주님은 우리의 죄를 대신 지고 십자가에서 죽으셨고, 사흘 만에 부활하셨습니다. 우리가 행위로는 결코 의롭다 해주실 수 없지만, 그리스도의 보혈을 의지하면 달라집니다. 하나님께서 의롭다 선언해 주시고, 닫힌 문이 열리게 될 것입니다. 오늘, 지금, 마음을 낮추어 회개하며 주님을 신뢰하겠습니까?

사랑하는 여러분, 지옥은 실재합니다. 동시에 하나님은 모두가 구원받기를 원하십니다(딤전 2:4의 마음이 느껴지죠). 좁은 문은 때로 불편하고 손해처럼 여겨질 수 있지만 그 길의 끝은 영원한 생명입니다. 오늘도 우리 앞에는 두 길이 놓여 있습니다. 넓고 화려해 보이지만 멸망으로 향하는 길과 좁지만 생명으로 이어지는 길 말입니다. 지금, 생명의 길을 선택하시겠습니까?

결국 핵심은 이것입니다. "지옥 가면 안 됩니다." 오늘 이 경고가 두려움으로만 끝나지 않고, 구원의 기쁨과 새로운 순종으로 이어지면 좋겠습니다. 주님이 손을 내밀고 계십니다. 지금, 응답하시겠습니까?

본문 참고

» 좁은 문/좁은 길(마 7:13~14) -- 생명으로 가는 길은 찾는 이가 적습니다.

» 힘써 좁은 문으로(눅 13:24) -- 대충이 아니라 전심으로 붙들어야 합니다.

» "너희를 알지 못한다"(마 7:23) -- 관계가 본질입니다. 겉모습이 아닙니다.

» 불이 꺼지지 않는 곳(막 9:47~49) -- 지옥의 실재를 경고합니다.

» 생명책에 없는 자(계 20:14~15) -- 불못의 심판이 분명합니다.

» 불과 유황 못(계 21:8) -- 거짓과 불신의 마지막을 밝힙니다.

» 지옥의 원래 대상(마 25:41) -- 사탄과 그의 사자들입니다.

» 부자와 나사로(눅 16:19~31) -- 뒤늦은 후회는 소용없습니다.

## 교안

- 제목: 지옥 가면 안 됩니다
- 주제: 영원한 생명을 위한 좁은 문(좁은 길)의 선택과 결단
- 본문: 마태복음 7:13~14
- 핵심구절: "좁은 문으로 들어가기를 힘쓰라"(눅 13:24).

I. 도입 (5분): 왜 이 질문이 중요한가?

청년의 질문: "목사님, 지옥이 정말 존재하나요?" (본문 인용)

이 질문은 단순히 종교적 논쟁이 아니라, 우리의 영원한 운명에 관한 가장 중요하고 절박한 질문입니다.

핵심 선언: 목사님의 굳건한 대답처럼, 지옥은 실제로 존재하며, 우리는 절대로 그곳에 가면 안 됩니다.

도입 질문: 여러분은 지금 '넓은 길'을 걷고 있습니까, 아니면 '좁은 길'을 '힘써' 걷고 있습니까? 우리의 지금 이 순간의 선택이 영원한 문을 결정합니다.

II. 본론 (25분): 지옥에 대한 경고와 구원의 길

1. 경고: 넓은 길이 아닌 좁은 문으로 '힘써' 들어가야 합니다.

성경적 근거, 좁은 문/좁은 길과 넓은 문/넓은 길의 대조. 넓은 길은 멸망으로, 좁은 길(마 7:13~14)은 생명(영생)으로 이어집니다. 찾는 이가 적다는 사실에 주목하십시오.

"좁은 문으로 들어가기를 힘쓰라"(눅 13:24) 하는 말씀은 대충이 아

니라 전심으로, 의지적인 결단으로 붙들어야 함을 강조합니다.

실제적인 문제, 겉모습만 신앙인인 경우를 볼 수 있는데요, "내가 너희를 도무지 알지 못하니…"(마 7:23)라는 말씀에서 알 수 있듯이, 겉으로 하는 종교 행위가 아니라 예수 그리스도와의 관계가 본질입니다. 그날 주님께 '모른다'는 선언을 듣는 것은 영원한 단절입니다.

성경은 지옥의 실재를 분명히 증언합니다.

지옥의 실재, 성경은 지옥(불못)을 모호한 비유가 아닌 현실의 장소로 묘사합니다.

'불이 꺼지지 않는 곳'(막 9:47~49), 영원한 고통의 장소입니다.

생명책에 기록되지 않은 자는 불못에 던져집니다(계 20:14~15). 이는 피할 수 없는 심판입니다. 믿지 않는 자, 거짓을 따르는 자들의 마지막이 불과 유황이 타는 못(계 21:8)이라고 엄중히 경고합니다.

2. 소망: 지옥을 피하는 길은 오직 예수 그리스도입니다. 유일한 길, 좁은 문이자 생명의 길은 오직 예수 그리스도 한 분뿐입니다.

### 구원의 원리

우리는 행위로는 결코 의롭다 함을 얻을 수 없습니다. 예수 그리스도께서 우리의 죄를 대신하여 십자가에서 죽고 부활하셨습니다.

우리가 그분의 보혈을 의지하고 믿음으로 고백할 때, 하나님께서 우리를 의롭다 선언(구원)해 주십니다.

### III. 결론 및 결단 (10분): 지금, 생명의 길을 선택하십시오.

최종 경고와 하나님의 마음:

"지옥 가면 안 됩니다." 이 경고를 가볍게 여기지 마십시오. 하나님은 모두가 구원받기를 원하십니다(딤전 2:4). 이것이 우리를 향한 주님의 간절한 마음입니다.

#### 결단의 시간

지금 당신 앞에는 두 길이 놓여 있습니다.

넓고 편해 보이지만 멸망으로 향하는 길,

불편하고 손해처럼 여겨지지만 영원한 생명으로 이어지는 좁은 길.

# 5.

## 죄란 무엇일까요?

### (죄 때문에 죽음이 오고, 죽으면 심판을 받습니다)

죄, 죽음, 심판…그러나 끝이 아닌 소망입니다.

우리 삶에서 가장 무겁게 느껴지는 단어가 '죄'와 '죽음'이 아닐까 싶습니다. 피하고 싶은 주제이지만, 성경은 이 문제를 정면으로 비춰주는 등불이랍니다. 그러면 죄가 무엇일까요? 단순히 나쁜 행동만 가리키는 말이 아니라, 하나님의 뜻에서 벗어나는 모든 태도와 길을 포함한다는 점을 기억하면 좋겠습니다.

죄에 대하여 성경은 조금 더 또렷하게 밝히기를, "죄는 불법"(요일 3:4)이라고 정의합니다. 이 말은 하나님이 정하신 기준을 떠나 제멋대로 사는 상태를 뜻합니다. 헬라어 '하마르티아'(hamartia)는 '과녁을 빗나가다'라는 의미를 품고 있습니다. 쉽게 말하면, 하나님이 주신 목표에서 방향이 비켜난 삶이라고 설명할 수 있습니다.

겉으로 드러나는 죄, 마음속에 숨어 있는 죄.

우리는 죄를 거짓말, 절도 같은 행동의 문제로만 여기기 쉬운데, 성경은 심장의 태도까지 죄로 다룹니다. 미움, 질투, 교만, 용서하지 못함처럼 속에서 꿈틀대는 마음까지 말입니다. 더 나아가 아담 안에서 태어난 우리의 본성 자체가 죄 아래 있다고 말합니다. 그래서 아무리 선하게 살려고 애를 쓴다 해도 스스로 의롭다고 주장하기 어렵습니다. 우리에게는 은혜가 필요합니다. 정말 그렇습니다.

"죄의 삯은 사망이요"(롬 6:23). 살다 보면 이 말씀이 실감 날 때가 있습니다. 관계가 틀어지고, 마음이 황폐해지고, 결국 죽음이라는 끝자락을 마주하게 되거든요. 그뿐인가요?

"한 번 죽는 것은 사람에게 정하신 것이요 그 후에는 심판이 있으리니"(히 9:27)라고 알려줍니다. 다소 두렵게 들릴 수 있는데, 사실은 깨어 있으라는 사랑의 경고라고 보는 편이 맞습니다.

죽음은 종착역 같지만 사실은 관문입니다.

많은 분이 죽음을 모든 것의 종료라고 느낍니다. 그러나 성경은 죽음 이후에 하나님의 심판대가 있음을 분명히 말하고 있습니다. 우리는 그 자리에서 '무엇을 믿고 어떻게 선택하며 걸어왔는지' 대답하게 될 것입니다. 생각만 해도 긴장이 되지요.

심판을 받으면 무조건 지옥입니다.

그런데 하나님은 심판만 하시려고 우리를 부르신 것이 아닙니다. 이 사실이 정말 중요합니다.

두려움에서 소망으로 돌려세우는 소식이 있습니다.

예수 그리스도께서 우리 죄를 대신 지고 십자가에서 죽으셨고, 사흘 만에 다시 살아나셨습니다. 그래서 죽음은 끝이 아니라 영원으로 들어가는 문이 되었습니다. 이 복된 소식을 마음으로 믿고 의지하면, 심판의 날은 공포가 아니라 기쁨과 감사의 날로 바뀌게 될 것입니다. "잘하였다. 착하고 충성된 종아"라는 주님의 음성을 소망할 수 있는 것입니다.

지금, 바로 지금이 은혜의 시간입니다.

혹시 마음 한편이 무겁습니까? 죄책감에 오래 눌려 왔나요? 그 짐을 이제 주님 앞에 내려놓아 보세요. 오늘이야말로 새로운 시작을 열 순간일지 모릅니다. 하나님은 정죄하려고 당신을 부르지 않으세요. 오히려 회복과 새출발로 초대하십니다. 돌이켜 그분께 돌아가면, 길이 열릴 것입니다. 방향이 바뀌면, 미래도 달라지거든요. 한 걸음 결단이 영원을 바꾸는 선택이 됩니다.

구원은 공로가 아니라 은혜입니다. 예수님을 구주와 주님으로 믿고 의탁할 때, 하나님이 시작하신 새 생명이 우리 안에서 자라나게 됩니다. 어제의 실패가 오늘을 규정하지 못하도록 말입니다. 용서받은 자라는 정체성이 내일의 발걸음을 새롭게 할 것입니다.

마음에 새기면 좋은 말씀, 다시 한번요.

"죄는 불법이라"(요일 3:4). 이는 하나님의 기준에서 벗어남을 의미합니다.

"죄의 삯은 사망이요"(롬 6:23). 죄의 결과가 분명함을 일깨워 줍니다.

"한 번 죽는 것은 사람에게 정하신 것이요 그 후에는 심판이 있으리니"(히 9:27). 깨어 준비하라는 자비의 초대입니다.

## 교안

- 제목: 죄 때문에 죽음이 오고, 죽으면 심판을 받는다
- 주제: 죄·죽음·심판…그러나 끝이 아닌 소망
- 본문: 요한일서 3:4/ 로마서 6:23/ 히브리서 9:27
- 학습 목표: 죄의 본질을 깨닫고, 죄의 결과가 죽음과 심판임을 인식한다. 그러나 예수 그리스도의 십자가와 부활 안에 소망이 있음을 붙든다.

1. 아이스브레이크 (3분)

질문: "내가 어릴 때 잘못해서 크게 혼난 기억이 있나요?" 죄와 책임이라는 주제로 자연스럽게 연결.

2. 말씀 나눔 (12분)

1) 죄의 정의

요일 3:4 "죄는 불법이라" → 하나님의 기준에서 벗어난 상태. 헬라어 하마르티아: 과녁을 빗나감. 겉으로 드러나는 행동뿐 아니라 마음속 태도(미움, 질투, 교만 등)까지 포함.

2) 죄의 결과: 죽음

"죄의 삯은 사망이요…"(롬 6:23).

육체적 죽음뿐 아니라 하나님과의 영적 단절.

3) 죽음 이후: 심판

"한 번 죽는 것은 사람에게 정하신 것이요 그 후에는 심판이 있으리니"(히 9:27).

죽음은 종착역이 아니라 하나님 앞에 서는 관문.

4) 복음의 소망

예수님이 죄를 대신 짊어지고 십자가에서 죽으심. 사흘 만에 부활하셔서 죽음을 이기셨음.

믿는 자에게 심판의 날은 두려움이 아니라 기쁨의 날.

3. 나눔 질문 (10분)

1) "죄의 삯은 사망"이라는 말씀을 들을 때 개인적으로 어떤 깨달음이 있나요?

2) 예수님 안에서 심판이 소망으로 바뀐다는 사실을 어떻게 경험하고 싶은가요?

4. 적용 & 결단 (3분)

오늘의 적용: 마음속 무거운 죄책감을 내려놓고, 한 가지 회개 기도를 드린다.

작은 실천: 이번 주에 용서하거나 사랑을 미룬 대상에게 먼저 다가가 보기.

5. 기도 (2분)

"주님, 죄로 인해 죽음과 심판이 임한다는 사실을 겸손히 고백합니다. 그러나 예수님이 십자가와 부활로 새로운 길을 열어주셨음을 믿습니다. 두려움이 아니라 소망 가운데 오늘을 살게 하소서. 아멘."

# 6.

# 예수님은 하나님이신데 오히려 자기를 비우셨다는데 왜 비워야 했을까요?

## (하나님의 전능하심을 내려놓으심)

"그는 근본 하나님의 본체시나 하나님과 동등됨을 취할 것으로 여기지 아니하시고, 오히려 자기를 비워 종의 형체를 가지사 사람들과 같이 되셨고…죽기까지 복종하셨으니"(빌 2:6~8).

한 청년이 조심스레 물었어요. "예수님은 전능하신 하나님이신데 왜 인간의 약함 속으로 오셨나요?"

목회자는 잠시 눈을 감고 대답했습니다. "사랑 때문이지. 높아지려고 오신 게 아니라, 낮아지려고 오신 거야. 그리고 사람들의 죄 때문이지. 그 죄로 살다가 죽어 심판받아 지옥으로 가니 하나님의 마음이 너무 아프신 거야."

예수님은 하늘 보좌의 영광을 붙드실 수도 있었습니다. 천군천사가 예배하는 그 자리, 영원한 영화의 왕좌였지요. 그런데 그분은 '취할 것'을 붙잡지 않고 오히려 비우셨습니다. 단지 겸손한 태도를 보인 정도가 아니라 신적 특권의 사용을 유보하시고, 시간과 공간의 한계 속으로 내려오셨습니다.

그 비움은 상징이 아니라 선택이었고, 선택은 곧 길이 되었습니다. 왕관이 아니라 가시관, 박수갈채가 아니라 침묵과 멸시, 편안함이 아니라 십자가였지요. 왜냐고요? 죄의 삯은 사망이기 때문입니다. 누군가 대신 죽어야 우리가 살 수 있었습니다.

하나님의 전능하심과 무소부재하심을 다 내려놓고, 죽기 위해 세상 죄를 지고 가는 하나님의 어린 양으로 오심에 가슴이 메입니다.

비움은 상실이 아니라 사랑의 방식입니다.

우리는 채워야 산다고 믿습니다. 더 많은 지위, 더 많은 인정, 더 많은 소유 말이에요. 하지만 복음은 반대로 속삭입니다. "비워야 채워진다." 예수님은 자신을 낮추심으로 우리를 높이셨고, 자신을 주심으로 우리를 얻으셨습니다.

비움은 본질을 버린 게 아니라 사용할 권리를 내려놓은 사랑의 결단입니다. 본체는 변함없지만 형식은 낮아진 것이지요.

한 어머니가 말합니다. "아이를 사랑하면서 제 욕심을 조금씩 비워냈어요. 그때부터 아이 마음이 들리더라고요." 그렇죠, 비움은 포기가 아니라 관계가 숨 쉬는 공간을 여는 일입니다. 신앙도 같아요. 자신을 채우는 대신, 주님이 일하실 여지를 남겨드려야 합니다.

낮아짐은 구원의 문을 여는 열쇠입니다.

예수님은 사람의 모양으로 오셨고, 종의 형체를 입으셨어요. 지도자가 아니라 섬김으로, 명령이 아니라 순종으로 세상을 구원하셨습니다. 이것이야말로 하나님의 방식이죠. 권세 대신 헌신을 선택하셨습니다. 명예 대신 멸시를 감당하셨어요. 안전 대신 십자가의 길을 걸으셨지요.

그분의 낮아짐이 우리의 길을 높였습니다. 그분의 죽음이 우리의 생명을 열었습니다. 그러므로 "죽기까지 복종", 이 한 문장이 복음의 심장이라 해도 지나치지 않은 것입니다.

오늘, 우리의 삶에 적용해 볼까요?

우리가 매일 부딪히는 선택 앞에서 이렇게 묻고 싶습니다. "지금 나는 채우려 하나요, 아니면 비우려 하나요?" 작은 결정에서 시작해도 괜찮습니다. 아주 소박하게요. 말 한마디를 비워 경청을 채워보세요. 생각보다 깊은 대화가 열릴 겁니다. 나의 옳음을 조금 비워 용서를 초대해 보세요. 관계의 숨통이 트일 거예요. 하루의 계획을 비워 주님의 인도를 기다려 보세요. 의외의 은혜가 옵니다. 비움은 체념이 아닙니다. 신뢰의 다른 이름이에요. 내가 움켜쥔 것을 놓을 때, 하나님이 붙드시는 것을 보게 됩니다.

복음의 결론, 사랑의 고백입니다. 십자가는 패배의 표식이 아니라 사랑이 완성된 자리입니다. 못 자국 난 손이 내 이름을 붙드셨고, 찢기신 몸이 내 죄를 덮으셨어요. 그래서 우리는 이렇게 고백하지요. "그 예수님을 사랑합니다. 감사합니다. 영광을 올려드립니다."

우리의 부족함보다 크신 그분의 은혜가 오늘도 충분합니다. 정말 그렇습니다.

이것은 예수님께서 세상 죄를 지고 가는 하나님의 어린 양, 제물이 되기 위해 전능하신 하나님 되심을 비우셨기에 가능한 것입니다.

## 교안

- 제목: 오히려 자기를 비워
- 주제: 예수님의 비움은 패배가 아니라, 사랑으로 우리를 살린 구원의 선택이다.
- 본문: "그는 근본 하나님의 본체시나 하나님과 동등됨을 취할 것으로 여기지 아니하시고, 오히려 자기를 비워 종의 형체를 가지사 사람들과 같이 되셨고 사람의 모양으로 나타나사 자기를 낮추시고 죽기까지 복종하셨으니 곧 십자가에 죽으심이라"(빌 2:6~8).
- 학습 목표: 하나님의 전지전능하심을 내려놓고 제물로 오심

  예수님의 '비움'이 단순한 겸손이 아니라 사랑의 선택임을 깨닫는다.

  나의 일상 속에서도 비움과 순종의 삶을 실천할 수 있는 마음을 갖는다.

### 1. 아이스브레이크 (3분)

질문으로 시작해 보세요.

"요즘 내 마음이나 일상 속에 가득 차 있는 것은 무엇인가요?"

"비운다는 게 어렵다고 느낄 때는 언제인가요?"

"누군가를 사랑하기 위해 나 자신을 '포기'했던 경험이 있으신가요?"

(짧은 대화를 통해 '비움'의 감정을 공감하도록 유도합니다.)

### 2. 본문 말씀 살피기 (10분)

**1) 예수님의 비움**

"오히려 자기를 비워"는 신적 권세를 버린 것이 아니라, 그것을 사용하지 않으신 선택이었습니다. 예수님은 전능하신 하나님이시지만 인간의 몸을 입고 배고픔과 눈물, 외로움을 경험하셨습니다.

비움의 목적은 단순한 겸손이 아니라, 우리를 살리기 위한 사랑의 결단이었습니다.

**2) 십자가의 순종**

죄의 결과는 사망이기에 누군가 반드시 죽어야 했습니다. 예수님은 우리 대신 그 길을 걸으셨고, 죽기까지 복종하셨습니다. 그 낮아짐의 끝에서, 하나님의 사랑이 완성되었습니다.

3) 비움의 능력

세상은 '채워야 산다'고 하지만 복음은 '비워야 채워진다'고 말합니다. 비움은 상실이 아니라 사랑의 방식입니다.

나를 덜어낼 때, 하나님이 일하실 공간이 생기기 때문입니다.

3. 함께 나눔 (7~8분)

생각해 봅시다.

1) 요즘 내 삶에서 비워야 할 것은 무엇일까요?

(예: 자존심, 조급함, 불안, 통제하려는 마음 등)

2) 내가 누군가를 위해 '내려놓은' 경험이 있나요? 그때 어떤 마음이 들었나요?

3) 예수님의 '비움'이 오늘 내 신앙생활에 어떤 도전이 되나요?

함께 선언합시다.

"나는 예수님처럼 낮아지고 싶습니다. 비워서 사랑할 수 있는 사람 되길 원합니다."

4. 삶에 적용 (7분)

○ 오늘의 결단 포인트

비움은 포기가 아니라 신뢰의 다른 이름입니다. 내가 움켜쥔 것을 놓을 때, 하나님이 붙드시는 것을 봅니다.

○ 실천 예시

1) 하루 5분이라도 '조용히 머무는 시간'을 가져보세요(말 대신 침묵으로 기도하기).

2) 가족이나 동료에게 한마디 양보의 말을 먼저 해보세요.

3) 마음속 불만 대신 '감사' 한 문장을 적어보세요.

5. 마무리 기도 (2분)

"하나님, 오히려 자기를 비워 낮아지신 사랑을 묵상합니다. 제 안의 교만과 불안을 비워내고, 주님의 마음을 닮게 하소서. 오늘 제 선택 속에서도 순종과 겸손이 드러나게 하시고, 그 사랑이 누군가에게 위로가 되게 해주세요. 예수님의 이름으로 기도합니다. 아멘."

7.

# 믿음

## (보이지 않아도 움직이는 확신입니다)

한때 교회에 오다가 조용히 발길을 돌리는 분들이 많습니다. 왜 그럴까요? 뿌리 내린 신뢰가 흔들리기 때문일 가능성이 큽니다. 오늘, 우리는 성경이 증언하는 믿음을 차분히 다시 붙잡아 보려 합니다. '믿음'이란 무엇일까요? "믿음은 바라는 것들의 실상이요 보이지 않는 것들의 증거니"(히 11:1).

성경은 믿음을 하나님에 대한 신뢰의 실체라고 설명합니다. 눈앞에 증거가 없어도, 하나님이 살아 계시며 찾는 자들에게 상 주시는 분이심을 담대히 확증하는 태도입니다. 개념으로만 고개 끄덕이는 동의가 아니라, 삶을 움직이는 확신이죠. 그래서 믿음은 보이지 않는 것을 붙드는 용기이며, 동시에 오늘의 선택을 바꾸는 순종입니다. 조금 막막해 보여도, 하나님 말씀을 기준으로 다시 걷겠다고 결정하는 심장의 결단이라고 할 수 있습니다.

사건으로 보는 믿음이 있습니다. 그녀는 만지기만 해도 낫는다고 믿었습니다. 열두 해 동안 출혈로 고통받던 여인은 이렇게 중얼거렸습니다. "그의 옷에만 손을 대어도 구원을 받으리라…"(막 5:28). 많은 시도 끝에 상처만 깊어진 삶이었음에도 그녀는 예수님의 권능을 절대적으로 신뢰했습니다. 그 작은 손길이 병든 영혼과 몸을 일으켰습니다. 믿음은 그렇게 절망의 방향을 바꾸는 전환점이 되곤 합니다.

그리고 권위에 복종한 믿음도 있습니다. "말씀만 하옵소서"라고요.

가버나움의 백부장은 하인의 병을 두고 예수님께 나아왔습니다(마 8:5~13). 그는 로마 군인으로서 권위의 구조를 잘 알았지요. 그래서 이렇게 고백합니다. "주여, 말씀만 하옵소서. 그러면 내 하인이 낫겠사옵나이다"(마 8:8). 예수님은 그의 말에 놀라시며 칭찬하셨어요(마 8:10). 이 믿음은 감정의 열정만이 아니었습니다. 권위에 대한 절대복종, 곧 말씀의 실권을 인정하는 순종이었습니다. 상황이 아니라 주님의 말씀에 복종할 때, 믿음은 현실을 관통하는 힘을 드러냅니다.

텍스트 관찰 훈련을 통해 실제적으로 믿음을 경험해 봅시다.

마태복음 8장 5~13절을 질문으로 읽어봅시다.

1) Who(누가): 예수님, 백부장, 병든 하인이 등장합니다.

2) When(언제): 예수님의 갈릴리 사역기 중 가버나움에서의 한 시점입니다.

3) Where(어디서): 가버나움에서 일어난 사건입니다.

4) What(무엇): 백부장이 말씀의 권위를 신뢰하여 치유를 간구했고, 말씀으로 치유가 일어났습니다.

핵심 단어 2개: 믿음, 권위

5) Why(왜 기록?): 말씀의 권능과 믿음의 본보기를 보여주기 위해서입니다.

6) How(어떻게 살까?): 보이는 정황보다 말씀을 우선하며, 그 말씀에 즉각 순종하기로 결단하면 좋겠습니다.

이렇게 관찰하고 정리해 보면 본문이 말하려는 중심축이 또렷해집니다. 말씀의 권위에 기대는 신뢰, 그 신뢰가 낳은 순종이 살아 있는 믿음이라는 점이지요. 믿음은 행동으로 숨을 쉽니다. "영혼 없는 몸이 죽은 것같이 행함이 없는 믿음은 죽은 것이니라"(약 2:26).

고백만 있고 발걸음이 없다면 그 믿음은 금세 숨이 가빠집니다. 반대로, 작아 보이는 순종이라도 한 걸음 옮기면 믿음은 다시 숨을 쉬기 시작합니다. 예배로 주께 가까이 가고, 말씀을 마음에 심으며, 작은 선행을 기꺼이 실천하는 과정이 믿음의 호흡이 됩니다.

많은 분이 교회를 떠나는 까닭도 어쩌면 여기 있을 것입니다. 지식으로만 쌓인 동의가 삶으로 연결되지 않으면, 신뢰는 쉽게 메말라 버리거든요. 오늘부터는 작지만 확실한 순종으로 믿음을 살려 보겠습니다.

모든 것은 믿음으로만 가능합니다. 현실이 복잡하고 마음이 흔들릴 때가 있습니다. 그럴수록 우리는 하나님만 의지하고 신뢰하는 훈련을 해야 합니다. 믿음은 관계에서 자랍니다. 주님 앞에 솔직히 서서 말씀을 붙들 때, 보이지 않던 길이 한 뼘 열릴지도 모릅니다.

말씀 우선 결단: 상황보다 말씀을 먼저 확인하겠습니다.

기도의 호흡 회복: 가장 짧은 기도라도 즉시 올리겠습니다.

한 걸음 순종: 오늘 반드시 한 가지 선한 실천을 하겠습니다.

감사 습관화: 작은 은혜도 소리 내어 감사하겠습니다.

이 네 가지는 단순하지만 꾸준히 이어가면 믿음이 생활이 되고, 생활이 다시 증언이 될 것입니다.

믿음은 종교적 형식이 아닙니다. 실제로 하나님이신 예수님께서 십자가에서 우리 죄를 위해 죽으심은 하나님께 대한 절대 신뢰와 순종이며, 보이지 않는 약속을 오늘의 선택으로 당겨오신 용기입니다. 지금 이 순간, 주님을 더 의지하며 걸어가 보시겠어요? 작은 순종 하나가 삶의 방향을 새롭게 세울 것입니다.

## 교안

- 제목: 보이지 않아도 움직이는 확신
- 주제: 믿음은 지식의 동의가 아니라, 말씀의 권위를 신뢰하여 삶으로 순종하는 살아 있는 관계이다.
- 본문: 마태복음 8:5~13
- 학습 목표: 믿음을 지적인 동의가 아닌, 하나님께 대한 절대 신뢰와 삶을 움직이는 순종으로 정의한다.

성경 속 인물들의 사례를 통해 말씀의 권위에 복종하는 믿음의 본질을 깨닫는다.

'행함이 있는 믿음'을 실천할 구체적인 행동(순종)을 결단한다.

1. 도입: 왜 우리의 믿음은 흔들리는가? (5분)

A. 주제 질문 제시 (시작)

"믿음이란 무엇일까요?" 이 질문에 명확하게 답할 수 있나요?

많은 이들이 교회를 떠나는 이유는 무엇일까요? 뿌리 내린 신뢰가 흔들리기 때문일 수 있습니다.

믿음은 보이지 않아도 움직이는 확신입니다. 오늘 우리는 성경을 통해 이 믿음의 뿌리를 다시 굳건히 하려 합니다.

B. 핵심 정의 (낭독 및 설명)

“믿음은 바라는 것들의 실상이요 보지 못하는 것들의 증거니…”(히 11:1).

정의 요약: 믿음은 눈에 보이는 증거가 없어도, 하나님이 살아 계시고 상 주시는 분임을 담대히 확증하고 삶을 움직이는 태도입니다. (개념 동의 → 삶의 확신)

2. 전개: 사건으로 보는 살아 있는 믿음 (15분)

A. 절망을 바꾸는 ‘만지기만 하는’ 신뢰

사례: 열두 해 동안 출혈로 고통받던 여인(막 5:28)

핵심: 수많은 시도 끝에 상처만 남은 절망적인 상황이었지만 그녀는 예수님의 권능을 절대적으로 신뢰했습니다.

질문: 절망의 방향을 바꾼 것은 무엇이었나요? 예수님께 손을 대는 작은 행동을 낳은 ‘확신’이었습니다.

메시지: 우리의 믿음은 상황을 넘어 예수님만 의지하는 작은 용기를 보일 때 전환점이 됩니다.

B. 권위에 복종하는 '말씀만 하옵소서'의 믿음

사례: 가버나움 백부장(마 8:5~13)

핵심: 백부장은 로마 군인으로서 권위의 구조를 잘 알았기에, 예수님께 "말씀만 하옵소서"라고 고백했습니다.

가장 중요한 통찰: 이 믿음은 감정적인 열정이 아니라, 예수님의 말씀이 현실을 지배하는 실권을 가지고 있음을 인정하는 절대 복종, 곧 순종이었습니다.

텍스트 관찰 훈련(활용): (실제로 펜을 들어 육하원칙대로 쓰면 좋음)

핵심 단어: 믿음, 권위

교훈: 우리는 상황이나 보이는 정황이 아니라 주님의 말씀의 권위에 복종할 때, 믿음의 능력을 경험합니다.

C. 믿음의 호흡: 행함

야고보서 2:26 낭독: "영혼 없는 몸이 죽은 것같이 행함이 없는 믿음은 죽은 것이니라."

설명: 고백만 하고 발걸음이 없다면 그 믿음은 숨이 가빠집니다.

믿음의 호흡: 예배, 말씀 묵상, 작은 선행 등 '작아 보이는 순종' 한 걸음을 옮길 때 믿음은 다시 살아 숨을 쉽니다.

점검: 지식으로만 쌓인 동의가 삶으로 연결되지 않으면 신뢰는 메마릅니다.

우리는 '순종' 고백만 하고 있나요?

'작아 보이는 것에서부터 순종'하나요?

지금 나는 어디에 속하는지요?

3. 적용 및 결단: 생활이 증언이 되게 하라 (10분)

A. 오늘의 적용 훈련 (관계에서 자라는 믿음)

믿음은 훈련입니다. 현실이 복잡하고 마음이 흔들릴수록 하나님만 의지하고 신뢰해야 합니다.

모든 것은 믿음으로만 가능해요. 주님 앞에 솔직히 서서 말씀을 붙들 때, 보이지 않던 길이 열립니다.

B. 구체적 결단 (4가지 실천)

다음 네 가지 단순하지만 확실한 순종으로 믿음을 생활화하기로 결단합니다(참가자들에게 메모하거나 마음에 새기도록 권유).

말씀 우선 결단: 상황보다 말씀을 먼저 확인하겠습니다.

기도의 호흡 회복: 가장 짧은 기도라도 즉시 올리겠습니다.

한 걸음 순종: 오늘 반드시 한 가지 선한 실천을 하겠습니다.

감사 습관화: 작은 은혜도 소리 내어 감사하겠습니다.

C. 마무리 및 도전

결론: 믿음은 종교적 형식이 아닙니다. 하나님께 대한 절대 신뢰와 순종이며, 보이지 않는 약속을 오늘의 선택으로 당겨오는 용기입니다.

도전: 지금 이 순간, 주님을 더 의지하며 걸어가 보시겠어요? 작은 순종 하나가 삶의 방향을 새롭게 세울 것입니다.

# 8.

## 먼저 우리를 사랑해 주신 분

### (하나님의 마음)

처음 교회에 오시면 마음이 조금 조심스러울 수 있습니다. '내가 여기 있어도 될까?' 그런 생각이 살짝 들기도 하죠. 하지만 성경은 우리 귀에 속삭입니다. "하나님 아버지가 먼저 당신을 사랑하셨다." 우리가 준비를 다 마친 후가 아니라, 여전히 어수선하고 부족할 때조차 변하지 않는 사랑으로 우리를 품으셨다고 말합니다.

하나님은 우리가 완벽해질 때까지 기다리신 게 아닙니다. 오히려 우리가 죄 가운데 있을 때, 먼저 다가오셔서 사랑한다고 말씀하셨지요.

"있는 모습 그대로 와도 괜찮아, 나는 너를 사랑해." 이 말씀 앞에 마음이 스르르 풀어지고, 긴장이 조금씩 사라집니다. 하나님은 우리를 보시고 기쁨을 감추지 못하신답니다. 마치 부모가 아이의 첫걸음을 보고 크게 웃는 것처럼요. “내가 너와 함께 있어. 너를 구원하고 지켜줄 거야.” 이 약속은 옛날이야기만이 아니라 오늘 우리에게도 여전히 살아 있는 약속입니다. 나 혼자가 아니라는 사실이 이렇게 큰 위로가 될 줄 몰랐습니다.

그러므로 먼저 우리를 사랑해 주신 분이 계신다는 것입니다. “누가 우리를 그리스도의 사랑에서 끊으리오?” 환난일까요, 실패일까요, 두려움일까요? 하나님은 말씀하십니다. 그 어떤 것도 우리를 그 사랑에서 끊을 수 없다고요.

오늘 넘어졌어도, 어제 흔들렸어도 괜찮습니다.

그 사랑은 여전히 우리를 붙잡고, 다시 일으켜 세워 줍니다.

한 새가족분이 이런 이야기를 들려주셨어요.

“저는 늘 모자란 사람 같았어요. 그래서 교회 오는 것도 망설였죠. 그런데 ‘아직 죄인 되었을 때’ 사랑하셨다는 말씀을 듣고 마음이 풀리더라고요. 아…나를 모자람째로 품으시는구나….” 그날 이후로 그분은 하루를 시작할 때 이렇게 기도한다고 합니다.

“아버지, 오늘도 사랑으로 저를 먼저 찾아와 주세요.”

하나님의 사랑은 당신에게도 여전히 열려 있습니다. 오늘도 그 사랑이 조용히 다가와 마음을 두드리고 있습니다. 조금만 용기 내어, 있는 모습 그대로 하나님께 마음을 열어 보세요.

그 순간부터 삶이 새로워지고, 기쁨이 다시 찾아올 것입니다. 우리를 위하여 그 아들을 십자가에 내어놓으신 하나님 아버지 사랑이 스며들 것입니다.

### 두고두고 마음에 새겨야 할 사랑의 말씀

» 하나님 사랑의 확증(롬 5:8)
» 기쁨을 감추지 못함(습 3:17)
» 누가 그리스도의 사랑에서(롬 8:35~36)
» 하나님의 사랑은 어느 누구도 끊을 수 없다(롬 8:38~39).

## 교안

- 제목: 먼저 우리를 사랑해 주신 분
- 주제: 하나님의 사랑은 우리의 완벽함을 기다리지 않고 죄 가운데 있는 우리를 먼저 찾아와 끝까지 붙드시는 변함없는 은혜이다.
- 본문: 로마서 5:8/ 스바냐 3:17/ 로마서 8:35~39
- 학습 목표: 하나님이 우리를 먼저 사랑하셨음을 깨닫고, 그 사랑이 변치 않음을 붙드는 삶을 살도록 한다.

1. 아이스브레이크 (3분)

질문: "최근에 누군가에게서 받은 작은 친절이나 위로는 무엇인

가요?"

하나님의 먼저 주시는 사랑을 자연스럽게 연결

2. 말씀 나눔 (12분)

**1) 먼저 사랑하신 하나님** (롬 5:8)

우리가 아직 죄인 되었을 때 예수님을 보내셔서 사랑을 확증해 주셨다. 준비되었을 때가 아니라 부족하고 연약할 때 찾아오신 사랑

**2) 기쁨을 감추지 못하시는 하나님** (습 3:17)

부모가 아이의 첫걸음에 기뻐하듯, 하나님은 우리를 보고 기뻐하신다. "너를 구원하고 지켜줄 거야"라는 약속은 오늘도 살아 있다.

**3) 끊을 수 없는 사랑** (롬 8:35~39)

환난, 두려움, 실패도 우리를 하나님의 사랑에서 끊지 못한다. 사랑은 넘어짐에도 다시 일으켜 세우시는 능력이다.

3. 나눔 질문 (10분)

1) '아직 죄인 되었을 때 사랑하셨다'는 말씀이 내게 어떤 의미로 다가오나요?

2) 하나님이 나를 보고 기뻐하신다는 사실을 들을 때 어떤 마음

이 드나요?

3) 요즘 나를 흔드는 두려움이나 약점이 있다면, 그것조차 끊을 수 없는 사랑임을 어떻게 경험하고 싶나요?

4. 적용 & 결단 (3분)

개인 적용: 오늘 하루, 있는 모습 그대로 하나님께 마음을 열고 기도하기

작은 실천: 누군가에게 "하나님이 당신을 사랑하신다"는 위로의 말을 전해 보기

5. 기도 (2분)

"주님, 우리가 부족하고 연약할 때에도 먼저 사랑해 주심을 감사합니다. 그 사랑이 지금도 변함없이 우리를 붙들고 있음을 믿습니다. 넘어져도 다시 일으켜 세우시는 주님의 사랑 안에서 살게 하소서. 아멘."

9.

# 예수님께서 이 땅에 오신 이유

## (하나님의 구원 계획)

하나님 아버지께서는 세상을 바라보실 때 마음이 너무 아프셨습니다. 수많은 사람들이 자신의 길을 고집하며 살아가다가 결국 죄 때문에 죽고, 심판받아 하나님과 영원히 떨어지는 모습을 보셔야 했으니까요. 그 아픔은 우리가 상상하는 것보다 훨씬 깊었을 것입니다. 하나님은 여러 번 사랑의 손길을 내밀어 주셨지만 사람들은 듣지 않았습니다. 선지자의 외침도 무시하고, 양심의 울림도 외면한 채 자기 방식대로 살았지요. 그래서 결국 하나님은 가장 귀한 분, 자신의 아들 예수님을 우리와 같은 모습으로 이 땅에 보내셨습니다.

예수님은 하늘의 영광을 내려놓고 우리의 눈높이로 내려오셨습니다. 굶주린 자를 먹이시고, 병든 자를 고치시고, 소외된 사람들을 품으시며 하나님의 마음을 보여주셨습니다. 하지만 그분이 오신 진짜 이유는 우리 대신 십자가에 달려 죽기 위해서였어요. 성경은 "모든 사람이 죄를 범하였으매 하나님의 영광에 이르지 못하더니"(롬 3:23)라고 말합니다.

그리고 "한 번 죽는 것은 사람에게 정해진 것이요 그 후에는 심판이 있으리니"(히 9:27)라고 알려줍니다. 이것은 우리를 겁주려는 말이 아니라, 우리가 가야 할 길을 깨닫게 하시려는 하나님의 경고입니다.

하나님은 당신이 멸망하는 걸 원하지 않으십니다. 그래서 예수님께 우리의 죄를 다 짊어지게 하시고, 십자가에서 대신 죽게 하셨습니다. 그분의 피가 우리의 모든 죄를 깨끗이 씻는 대속의 길이 된 것입니다.

"하나님이 세상을 이처럼 사랑하사 독생자를 주셨으니 이는 그를 믿는 자마다 멸망하지 않고 영생을 얻게 하려 하심이라"(요 3:16).

이 말씀은 단순히 먼 옛날에 끝난 사건이라고 생각할지 모르지만, 사실 지금 이 순간에도 하나님은 여전히 우리를 사랑하고 계십니다.

당신을 부르고 계시고, 돌아오기를 기다리고 계십니다. 개나 나귀도 주인을 알고 반응하는데, 하나님의 형상으로 지음 받은 우리가 창조주를 모른 채 사는 것은 너무나 안타까운 일입니다.

그래서 하나님은 예수님을 보내셨고,
그래서 예수님이 사람의 몸을 입고 오셨습니다.

## 교안

- 제목: 예수님이 이 땅에 오신 이유
- 주제: 예수님이 이 땅에 오신 이유는, 심판 아래 있는 우리를 멸망에서 건져 영생으로 이끄시려는 하나님의 사랑 때문이다.
- 본문: 로마서 3:23/ 히브리서 9:27/ 요한복음 3:16
- 학습 목표: 예수님이 왜 이 땅에 오셨는지, 그 이유가 곧 나를 향한 사랑임을 깨닫고 복음을 붙든다.

1. 아이스브레이크 (3분)

질문: "누군가 나를 위해 희생해 준 경험이 있나요?"
'예수님이 왜 오셨는가?'라는 주제로 자연스럽게 연결

2. 말씀 나눔 (12분)

**1) 하나님의 아픈 마음**

사람들은 죄 때문에 하나님을 떠나 멸망의 길을 간다.
선지자의 외침도, 양심의 소리도 무시했다.
하나님은 그 모습을 보며 깊이 아파하셨다.

**2) 예수님을 보내신 이유**

하나님은 우리를 멸망하게 두지 않으시고 아들 예수님을 보내셨다.

예수님은 하늘 영광을 내려놓고, 가난한 자·병든 자·소외된 자를 품으시며 하나님의 마음을 보여주셨다.

3) 십자가의 목적

모든 사람이 죄를 지어 하나님의 영광에 이르지 못한다(롬 3:23).

사람은 반드시 죽고 그 후에는 심판이 있다(히 9:27).

예수님은 우리의 죄를 대신 짊어지고 십자가에서 죽으심으로 대속의 길을 여셨다.

4) 하나님의 구원의 확증

요 3:16 "하나님이 세상을 이처럼 사랑하사 독생자를 주셨으니…."

멸망이 아니라 영생을 주시려는 사랑의 약속이다.

지금도 하나님은 우리를 부르고 계시고, 돌아오기를 기다리신다.

3. 나눔 질문 (10분)

1) 하나님이 예수님을 보내실 만큼 나를 사랑하신다는 사실을 어떻게 느끼나요?

2) 예수님의 삶(먹이심·고치심·품으심) 중 특별히 마음에 다가오는 모습은 무엇인가요?

3) 오늘 나는 '예수님이 오신 이유'를 삶 속에서 어떻게 경험하고 싶은가요?

4. 적용 & 결단 (3분)

개인 적용: 오늘 하루 동안 예수님이 나를 위해 오셨음을 기억하며 작은 기도로 시작하기.

작은 실천: 주변 사람에게 "예수님은 당신을 사랑하시기에 이 땅에 오셨습니다"라는 한 문장을 전해 보기.

5. 기도 (2분)

"사랑의 하나님, 우리를 멸망에 버려두지 않고 예수님을 보내주심을 감사합니다. 그분이 십자가에 달리신 이유가 바로 저를 위한 사랑임을 믿습니다. 오늘 이 은혜를 붙들고 살아가게 하옵소서. 아멘."

# 10.

# 그러면 예수님은 누구신가요?

## (세상 사람들이 모르는 예수님의 실체)

예수님은 단순히 오래전 살았던 위대한 인물이 아닙니다. 그분은 삼위일체 하나님의 아들이자 하나님 자신이십니다. 베드로는 예수님께 이렇게 고백했죠. “주는 그리스도시요 살아 계신 하나님의 아들이십니다.” 이 고백은 오늘 우리에게도 여전히 유효합니다. 성경은 예수님을 “하나님의 본체”라고 말합니다. 그분은 전능하시고, 어디에나 계실 수 있는 분이셨지만 그 모든 권세를 내려놓고 사람으로 오셨습니다. 낮고 낮은 자리까지 내려오셔서, 십자가에서 죽기까지 순종하셨습니다. 우리를 구원하기 위해서요.

생각해 보세요. 세상을 만드신 하나님이 사람이 되셔서 우리의 눈물을 함께 흘리시고, 배고픔과 고통을 경험하셨다니 이보다 더 가까운 사랑이 있을까요? 예수님은 멀리 있는 신이 아니라, 우리의 삶

한가운데 들어오셔서 우리를 붙잡아 주시는 분입니다.

"그는 근본 하나님의 본체시나…자기를 비워 종의 형체를 가지사 사람들과 같이 되셨고 사람의 모양으로 나타나사 자기를 낮추시고 죽기까지 복종하셨으니 곧 십자가에 죽으심이라"(빌 2:6~8).

예수님은 우리를 위해 오셨습니다. 우리가 스스로는 건널 수 없는 죄의 벽을, 십자가로 무너뜨리셨습니다. 그래서 이제 누구든지 예수님을 믿으면 하나님과 다시 연결될 수 있습니다. 그분이 바로 우리의 구원자, 주님, 그리스도이십니다. 그래서 예수님의 이름의 뜻은 '자기 백성을 그들의 죄에서 구원할 자'입니다(마 1:21).

이렇게 기도해 보면 어떨까요. "예수님, 하나님의 아들이시며 제 구원자이심을 믿습니다. 제 마음의 문을 열고 당신을 영접합니다. 오늘부터 제 삶을 주님께 맡기겠습니다."

이 고백이 바로 믿음의 시작입니다.

예수님은 오늘도 당신의 삶에 들어와 새 이야기를 쓰고 계십니다.

## 교안

- 제목: 예수님은 누구신가요?
- 주제: 예수님은 단순한 인물이 아니라, 사람을 구원하시기 위해 자신을 비우고 오신 하나님이시며 우리의 유일한 구원자이시다.

• 본문: 마태복음 16:16/ 빌립보서 2:6~8/ 마태복음 1:21

• 학습 목표: 예수님이 단순한 역사적 인물이 아닌 하나님의 아들이자 그리스도, 구원자임을 깨닫고 믿음으로 고백한다.

1. 아이스브레이크 (3분)

질문: "내가 존경하는 인물은 누구인가요? 그리고 그 이유는 무엇인가요?"

역사적 인물과 비교하며, 예수님은 단순한 위인이 아닌 구원자이심을 연결하기.

2. 말씀 나눔 (12분)

**1) 제자들의 고백** (마 16:16)

베드로: "주는 그리스도시요 살아 계신 하나님의 아들이십니다."

단순한 선생님, 선지자가 아닌 하나님의 아들이자 메시아.

**2) 하나님의 본체이신 예수님** (빌 2:6~8)

하나님의 본체이시나 자기를 비워 사람으로 오셨다.

낮고 낮은 자리까지 오셔서 십자가 죽음까지 순종.

**3) 우리의 구원자** (마 1:21)

예수 이름의 뜻: '자기 백성을 그들의 죄에서 구원할 자'

죄의 장벽을 무너뜨리고 하나님과 다시 연결되게 하심.

4) 가까운 하나님

멀리 계신 신이 아니라, 우리의 눈물과 고통 속에 함께하신다.

오늘도 내 삶 속에 들어와 새 이야기를 써내려가신다.

3. 나눔 질문 (10분)

1) 예수님을 '위대한 인물'이 아니라 '하나님의 아들'로 믿는다는 것은 내 삶에서 어떤 차이를 만들까요?

2) 예수님이 '자기를 비워 종의 형체로 오셨다'는 말씀을 들을 때 어떤 마음이 드나요?

3) 나는 예수님을 나의 구원자이자 주님으로 고백하고 있나요?

4. 적용 & 결단 (3분)

개인 적용: 오늘 기도 속에서 "예수님, 제 구원자이시며 주님이심을 믿습니다"라고 고백하기.

작은 실천: 이번 주 동안 예수님이 내 삶에 어떤 분이신지 짧게 기록하거나 누군가와 나누기.

5. 기도 (2분)

“예수님, 하나님의 아들이시며 제 구원자이심을 믿습니다. 제 마음의 문을 열고 주님을 영접합니다. 오늘부터 제 삶을 주님께 맡기오니, 저를 새롭게 인도해 주옵소서. 아멘.”

# 11.

## 하나님이신 예수님이 사람이 되신 이유

### (우리 곁으로 오신 사랑체)

계속 똑같은 말로 계속하는 것은 그만큼 중요하다는 것입니다. 그리고 이것이 깨달아지고 믿어져야만 믿음에 진보가 있고 성숙이 있기 때문입니다.

조금만 참고 하나님의 사랑에 젖어들면 인생이 달라집니다.

예수님은 원래 하나님이셨지만 우리와 같은 인간의 모습으로 세상에 오셨습니다. 왜 그렇게까지 하셨을까요? 이유는 분명합니다. 우리의 죄 때문입니다. 하나님은 우리가 죄의 대가로 영원히 떠나가는 것을 보고만 있을 수 없으셨기에 사랑으로 직접 길을 열고 내려오신 것입니다.

그 사랑의 발걸음은 아주 낮고도 조용한 방식으로 시작되었습니다. 예수님은 동정녀 마리아의 몸에 성령으로 잉태되셨습니다. 인간의 혈통과 권세가 아니라, 하나님의 주권과 은혜로 오신 것이죠. 우리처럼 태어나서 자라고, 웃고, 아프고, 눈물도 흘리셨다니까요. 오심의 목적은 분명합니다. 제물로 오심이었고, 곧 어린 양으로 오신 길이었습니다. 제사는 상징이었고, 예수님의 십자가는 실체였죠. 우리가 져야 마땅한 죗값을 그분이 대신 짊어지셨다니, 이보다 더 선명한 사랑이 또 있을까요?

또한 성경은 "말씀이 육신이 되셨다"고 전합니다. 보이지 않던 하나님이 보이는 사람의 몸을 입고 우리 곁에 사셨다는 뜻입니다. 멀리서 지켜보는 신이 아니라, 가까이 다가와 숨결과 눈물과 고통까지 함께하신 주님이시죠. 그래서 우리의 상처를 '아신다'고만 하지 않으시고, '겪으셨다'고 말씀하시는 것입니다.

"오히려 자기를 비워 종의 형체를 가지사 사람들과 같이 되셨고 사람의 모양으로 나타나사 자기를 낮추시고 죽기까지 복종하셨으니 곧 십자가에 죽으심이라"(빌 2:7~8).

예수님은 자기 비움으로 오셨습니다. 하늘의 영광과 권능을 움켜쥐지 않으시고, 기꺼이 내려놓으셨지요. 왕관을 벗고 종의 옷을 입으셨습니다. 그 낮아지심이 바로 우리를 들어 올리는 사다리가 되었습니다. 낮아지심이 없었다면 높아짐의 소망도 따라오지 못했을 것입니다. "왜 꼭 사람이 되어야 했나요?"라고 묻고 싶으실 거예요. 죄는 사람을 통해 들어왔고, 따라서 사람을 통해 해결되어야 했습니다. 그러나 어느 인간도 흠 없이 그 값을 치를 수는 없었죠. 그래서 하나님이 사람이 되신 예수님, 곧 참 하나님이시며 참 사람이신 그분만이 완전한 순종과 희생으로 구원의 문을 여실 수 있었던 것입니다.

그 결과, 예수님은 우리 연약함을 동정하실 수 있는 대제사장이 되셨습니다. 시험을 당하되 죄는 없으셨기에, 무너진 자리에서 우리를 다정하게 일으켜 세우십니다. "괜찮다, 다시 시작하자" 하고 말씀하시는 음성이 들리는 듯합니다. 그렇지요? 십자가에서 흘린 피는 죄 사함의 근거가 되었고, 부활은 새 생명의 보증이 되었습니다. 이제 믿는 자는 정죄에서 해방되고, 하나님과 화해하며, 새로운 가족으로 입양되어 하늘의 소망을 누리게 됩니다. 이 은혜가 너무 크고 넓어서, 다 말하려 해도 언어가 모자랄 지경입니다.

혹시 지금 마음에 무거운 돌 같은 죄책감이 누르고 있나요? '나는 늘 부족하다'는 자책이 따라다니나요? 그 짐 위에 '예수님이 대신 지셨다'는 표지를 붙여 보세요. 시선이 달라지면, 걸음도 달라질 것입니다. 넘어졌던 그 자리에서 새 시작이 가능하답니다. 어떤 분은 늘 신앙 문턱에서 머뭇거리셨다고 합니다. '나는 자격이 없어…'라고. 그런데 성육신의 복음을 듣고 마음이 풀어졌답니다. '하나님이 사람이 되셔서 나를 찾으셨다니, 그 사랑 앞에서 더는 도망칠 수 없겠구나.' 그날 이후, 그분의 기도는 이렇게 바뀌었다고 합니다. "주님, 제게 오신 것처럼, 오늘도 제 안에 머물러 주세요."

오늘 이렇게 응답해 볼까요? "예수님, 저를 위해 사람이 되어 오신 것을 믿습니다. 제 죄를 대신 지고 십자가에서 죽으신 사랑을 신뢰합니다. 이제 주님을 제 삶의 주인으로 모시고, 주님의 길을 따르겠습니다."

이 고백이 당신의 인생을 새롭게 할 것입니다. 하나님은 오늘도 당신을 향한 사랑으로 이야기를 다시 써 내려가고 계십니다. 걱정 마십시오. 주님이 동행하십니다.

## 교안

- 제목: 하나님이신 예수님이 사람이 되심
- 주제: 예수님은 우리의 연약함을 아시는 대제사장으로서 십자가와 부활로 정죄를 끝내고 믿는 자에게 새 시작의 은혜를 주신다.
- 본문: 요한복음 1:14/ 빌립보서 2:7~8/ 히브리서 4:15
- 학습 목표: 예수님의 성육신(하나님이 사람이 되심)의 의미를 깨닫고, 그분이 나의 구원자이심을 믿음으로 고백한다.

1. 아이스브레이크 (3분)

질문: "누군가 나와 같은 입장이 되어 주어 큰 힘이 된 경험이 있나요?"

예수님께서 우리의 모습으로 오셔서 함께하신다는 주제로 자연스럽게 연결.

## 2. 말씀 나눔 (12분)

### 1) 성육신의 의미

요 1:14 "말씀이 육신이 되어 우리 가운데 거하시매."

보이지 않던 하나님이 보이는 사람으로 우리 곁에 오셨다.

### 2) 낮아지심과 순종 (빌 2:7~8)

하나님의 본체이신 예수님이 스스로 비워 종의 형체로 오심.

십자가 죽음까지 복종하심으로 구원의 문을 여심.

### 3) 왜 사람이 되어야 했는가?

죄는 사람을 통해 들어왔고, 따라서 사람을 통해 해결되어야 함.

그러나 흠 없는 사람은 없기에, 참 하나님이자 참 사람이신 예수님만이 구원을 이루실 수 있었다.

### 4) 우리의 대제사장이 되심 (히 4:15)

우리의 연약함을 동정하실 수 있는 분.

시험을 받으셨으나 죄는 없으셨고, 무너진 자리에서 우리를 일으키신다.

## 3. 나눔 질문 (10분)

1) 하나님이 사람이 되셨다는 사실을 들을 때, 내 마음에 어떤 위

로가 되나요?

2) 예수님의 낮아지심(비움과 순종)이 내 삶의 태도에 어떤 도전을 주나요?

3) 나는 '예수님이 내 죄를 대신 지셨다'는 믿음을 실제 삶에서 어떻게 붙잡고 싶나요?

4. 적용 & 결단 (3분)

개인 적용: 오늘 기도에서 "예수님, 저를 위해 사람이 되어 주심을 믿습니다"라고 고백하기.

작은 실천: 이번 주 동안 부담스럽게 느끼던 자리에서 '예수님이 나와 함께 겪으신다'는 믿음으로 용기 내보기.

5. 기도 (2분)

"예수님, 하나님의 본체이시면서도 저를 위해 사람이 되심을 감사합니다. 제 죄를 대신 짊어지고 십자가에서 죽으시고 부활하신 사랑을 믿습니다. 이제 주님을 제 삶의 주인으로 모시고 주님의 길을 따르겠습니다. 아멘."

12.

# 십자가에서 죽으심

## (우리 죄를 위해 형벌을 받으심, 심판을 받으심)

십자가를 바라볼 때마다 마음이 고요해지지 않나요? 마치 세상이 잠시 멈춘 듯, 가슴 깊이 울림이 전해집니다. 예수님께서 십자가에서 죽으신 사건은 단순한 역사의 한 장면이 아니라, 우리 인생 전체를 다시 쓰신 사랑의 이야기입니다. 죄의 값은 죽음이라고 성경은 말하는데, 하나님은 우리가 멸망으로 걸어가는 것을 가만히 두고 볼 수 없으셨습니다. 그래서 가장 소중한 아들을 우리에게 보내셨고, 그분은 우리 대신 형벌을 받으셨습니다.

못이 박히고, 채찍을 맞고, 사람들에게 버림받으시기까지 하셨지만, 끝까지 우리를 향한 사랑을 놓지 않으셨습니다. 마지막 순간에 "다 이루었다"라고 외치실 때, 우리 죄의 장부가 깨끗하게 지워졌습니다. 그 순간 우리의 빚은 모두 갚아졌고, 사탄은 더 이상 우리를 정죄할 권리를 잃어버렸습니다. 그분의 피가 우리를 되살리기 위한 값이 되었고, 우리 영혼을 자유롭게 풀어 주신 것입니다. 십자가는 공의와 사랑이 동시에 만난 자리였습니다. 죄는 반드시 심판받아야 했지만, 그 심판을 예수님이 대신 받으셨습니다. 그래서 믿는 우리에게는 심판이 끝나고 생명이 시작되었습니다. 하나님이 세상을 이처럼 사랑하사 독생자를 주셨다고 말씀하셨지요. 그 사랑은 조건 없는 사랑, 우리가 완벽해지기 전에 먼저 찾아오신 사랑입니다.

사람들은 십자가를 미련하게 여겼지만, 성경은 그 십자가가 하나님의 능력이자 지혜라고 말합니다. 세상 눈에는 실패 같았지만, 그 자리는 하늘의 승리였고 사탄의 패배였어요. 피 흘리심으로 우리의 죄가 씻겼고, 그 보혈이 우리의 새 출발을 열어 주었습니다. 십자가는 단순한 과거의 사건이 아니라 지금도 살아 있는 능력입니다.

어떤 이는 이런 고백을 하셨어요. "저는 늘 죄책감 속에 살았어요. 하나님께 나아갈 자격이 없다고 느꼈거든요. 그런데 십자가 이야기를 듣고 눈물이 났습니다. 나를 위한 사랑이었다는 사실이 믿어지자, 무거운 짐이 내려지고 자유가 찾아왔습니다."

당신도 지금 그 은혜를 누릴 수 있습니다. 마음 한편에 짙게 깔린 두려움이 있나요? 그 위에 "예수님이 이미 다 이루셨다"라는 표지를 붙여 보세요. 시선이 달라지면 걸음도 달라질 겁니다.

그러므로 십자가에서 예수님께서 죽으심은 우리의 죄의 형벌을 받으시고 심판을 받으신 것이기에 예수님을 인격적으로 모시고 믿는다면 죄의 형벌에서 벗어났고 그 무시무시한 심판을 더 이상 받지 않는다는 것입니다.

이것보다 더 큰 은혜가 있을까요?

"예수님, 저의 죗값을 대신 치러 주셔서 감사합니다. 십자가에서 저를 대신해 죽으신 그 사랑을 믿습니다. 오늘 제 마음을 열고 주님을 제 삶의 주인으로 모십니다. 죄책감 대신 은혜를, 두려움 대신 소망을 붙잡고 살겠습니다."

십자가는 끝이 아니라 시작이에요. 그곳에서 우리의 과거는 끝나고, 새 삶이 시작됩니다. 오늘 그 사랑을 붙들고 다시 걸음을 내디뎌 보시기 바랍니다. 하나님은 여전히 당신을 사랑하시고, 다시 일으켜 세워 주십니다.

## 교안

- 제목: 십자가에서 죽으심
- 주제: 십자가는 예수님이 우리의 죄 값과 심판을 대신 담당하셔서, 믿는 자에게 정죄 없는 자유와 새 삶을 열어주신 구원의 시작이다.
- 본문: 요한복음 19:30/ 요한복음 3:16/ 고린도전서 1:18
- 학습 목표: 예수님의 십자가 죽음이 죄 사함과 구원의 근거임을 깨닫고, 그 은혜 안에 자유와 새 출발을 누린다.

### 1. 아이스브레이크 (3분)

질문: “내가 누군가의 잘못이나 빚을 대신 감당해 준 경험이 있나요?”
누군가를 위해 대신 희생한다는 개념에서 십자가로 연결.

2. 말씀 나눔 (12분)

**1) 죗값을 대신 치르신 예수님**

롬 6:23 “죄의 삯은 사망” → 죄의 대가는 반드시 죽음.
예수님은 우리 죄의 장부를 깨끗이 지우시고 빚을 다 갚으셨다.

**2) 공의와 사랑이 만난 자리**

죄는 반드시 심판받아야 하지만, 예수님이 대신 받으셨다.
믿는 자에겐 심판이 끝나고 새 생명이 시작됨.

**3) 십자가의 능력**

고전 1:18 “십자가의 도가 멸망하는 자들에게는 미련한 것이요 구원을 받는 우리에게는 하나님의 능력이라.”
세상은 실패라고 보지만, 십자가는 하나님의 지혜이자 승리였다.

**4) 지금도 살아 있는 은혜**

“다 이루었다”(요 19:30) → 구원의 길이 완성됨.
죄책감 대신 은혜, 두려움 대신 소망을 주시는 현재의 능력.

3. 나눔 질문 (10분)

1) 예수님이 나 대신 죗값을 치르셨다는 사실이 마음에 어떤 울림을 주나요?

2) 십자가가 하나님의 공의와 사랑이 동시에 드러난 자리라는 말을 어떻게 이해하시나요?

3) 지금 내 삶에서 십자가의 은혜를 새롭게 붙들어야 할 영역은 무엇인가요?

### 4. 적용 & 결단 (3분)

개인 적용: 오늘 하루 동안 "예수님이 다 이루셨다"는 말씀을 묵상하며 죄책감을 내려놓기.

작은 실천: 이번 주 동안 한 가지 두려움 대신 '십자가의 사랑이 충분하다'는 믿음으로 선택해 보기.

### 5. 기도 (2분)

"예수님, 제 죗값을 대신 치러 주신 십자가의 사랑을 감사합니다. 그 은혜로 더 이상 정죄가 아닌 자유를 누리게 하시니 감사드립니다. 오늘도 주님을 제 삶의 주인으로 모시고, 십자가의 소망을 붙들게 하옵소서. 아멘."

# 13.

## 죽어야 사는 길
### (내가 십자가에서 죽는 만큼 주님이 내 안에서 살아 역사하심)

신앙의 핵심은 자아를 부인하고 그리스도의 생명으로 숨 쉬는 삶입니다. 화려한 구호보다 중요한 건, 매일의 작은 결단과 방향 전환입니다.

세상은 "나를 확장하라"고 말하지만, 복음은 반대로 속삭입니다. "너 자신을 십자가에 못 박아라." 이 말이 거칠게 들리나요? 그러나 바로 그 지점에서 참된 자유가 열립니다. 내가 조금씩 죽을 때마다, 주님의 숨결이 내 일상 안으로 들어와 살아 움직이기 때문입니다.

"이제는 내가 사는 것이 아니요 오직 내 안에 그리스도께서 사시는 것이라"(갈 2:20).

바울은 존재의 기준을 바꾸었습니다. 주인이 나에서 그리스도로 바뀐 것이죠. 단순한 표어가 아니라 정체성의 전환입니다. 믿음은 '내가 조금 더 나아지는 프로그램'이 아닙니다. 주인 교체입니다. 나 중심의 좌석에서 주님께 운전대를 내어드리면, 길 자체가 달라지지요. 불안이 주도하던 마음판에 그리스도의 평강이 자리를 잡습니다. "이제는 내가 아니라, 주님이 사십니다"(갈 2:20)라는 고백이 생활화될 것입니다.

"너희 몸을 하나님이 기뻐하시는 거룩한 산 제물로 드리라"(롬 12:1)라는 말씀은 주일 예배만을 말하지 않습니다. 출근길, 밥상머리, 메시지 한 줄까지 예배가 되도록 드려 보자는 초대입니다. 자아의 욕심을 내려놓을수록, 평범한 하루가 제단으로 변하거든요.

예수님은 "자기를 부인하고 자기 십자가를 지라"(마 16:24)라고 하셨어요. 자기 부인은 단순한 포기가 아닙니다. 방향을 바꾸는 용기입니다. 내가 중심이던 길에서 주님 중심으로 회전하는 움직임이지요. 포기만 남으면 공허하지만, 부인에는 새길이 열립니다. 날마다의 작은 죽음이 필요합니다. 바울은 "나는 날마다 죽노라"(고전 15:31)라고 했습니다. 성령으로 몸의 행실을 죽이라는 권면도 덧붙였죠. 거창한 퍼포먼스를 말하는 게 아니에요. 욱하는 마음을 한 번 누르는 일, 미안하다고 먼저 말하는 선택, 비교 대신 감사를 택하는 습관, 이런 작은 죽음들이 쌓이면 생명의 호흡이 커집니다. 습관이 결국 생명이 되는 것입니다.

"한 알의 밀이 땅에 떨어져 죽지 아니하면 한 알 그대로 있고 죽으면 많은 열매를 맺느니라"(요 12:24). 씨앗은 어둡고 습한 땅에서 썩는 과정을 통과합니다. 체면은 사라지고 껍질이 터질 때, 생명이 발아합니다. 우리도 자아의 껍질이 부서질 때 하늘의 열매가 시작되는 것입니다. 눈앞의 효율보다 순종이 깊은 결실을 낳는 이유입니다.

말세의 표징 가운데 하나는 "사람들이 자기를 사랑"(딤후 3:2)한다는 사실입니다. 자기 과시와 과잉 노출이 일상이 됩니다. 이런 시대일수록 자기 부인의 십자가가 더욱 또렷해야 합니다. 내가 줄어드는 만큼, 그리스도의 향기가 선명해집니다.

바울의 재평가가 우리의 마음을 울립니다. "내게 유익하던 것을 다 해로 여김이라"(빌 3:7~8).

학문, 혈통, 명예 ― 그는 손에 꽉 쥐고 있던 것들을 내려놓았습니다. 왜냐하면 그 모든 것이 그리스도를 아는 지식의 탁월함 앞에서 빛을 잃었기 때문입니다. 자아와 세속적 영광이 죽을수록, 오직 주님만 남습니다.

감동적인 스토리를 소개합니다. '아버지의 작은 죽음'인데요. 한 아버지가 있었습니다. 그는 자신이 옳다고 믿으면 끝까지 밀어붙이는 성격이었지요. 가족 간의 대화는 자주 전쟁터가 되었고, 집안 공기는 늘 팽팽했습니다. 어느 새벽, 그는 갈라디아서 2장 20절을 읽다가 조용히 울었습니다. "주님, 제가 죽어야 하겠네요." 그날 저녁, 그는 아이에게 먼저 사과했습니다. "아빠가 말을 세게 했구나. 미안해." 아주 작은 죽음이었지만, 그 순간 거실의 공기가 부드러워졌습니다. 며칠 뒤, 아내가 쑥스러운 듯 말했어요. "여보, 집이 달라졌어요.” 아버지는 깨달았습니다. 내가 조금씩 작아질수록, 주님의 생명이 집 안에 커진다는 사실을요.

실천 가이드로서 오늘부터 적용해 보면 어떨까요?

아침 선언: “이제는 내가 아니라 주님이 사십니다”라고 소리 내어 고백해요.

말씀 암송: 갈 2:20/ 롬 12:1 중 한 구절을 천천히 되뇌어 봅니다.

작은 죽음 기록: 오늘 내려놓을 감정이나 집착 한 가지를 메모해요. 아주 구체적으로요.

저녁 감사: 덜 말하고 더 들어준 순간을 떠올리며 감사기도로 마무리합니다.

질문과 해설. 자주 흔들릴 때 읽어 주세요

Q1. 자꾸 실패하는데, 계속 시도해도 될까요?

그럼요. 넘어짐보다 주님의 신실하심이 더 큽니다. 반복되는 작은 회개가 길을 냅니다.

Q2. 자아를 죽인다는 게 자존감을 버리는 일인가요?

아니에요. 자아의 통치권을 내려놓는 것이지, 존재 가치를 버리는 게 아닙니다. 오히려 그리스도 안의 존귀가 또렷해집니다.

오늘의 결단문이자 기도문입니다.

“주 예수님, 제 고집과 교만을 십자가에 못 박습니다. 제 마음의 왕좌를 비워 드릴게요. 내 안에 주님이 사시옵소서. 제 일상이 산

제사가 되게 하시고, 작은 죽음이 모여 큰 생명으로 열매 맺게 해주세요. 예수님 이름으로 기도합니다. 아멘."

## 교안

- 제목: 내가 십자가에서 죽는 만큼, 주님이 사신다
- 주제: 믿음은 나를 개선하는 종교가 아니라, 내가 죽고 그리스도께서 내 삶의 주인이 되시는 정체성의 전환이다.
- 본문: 갈라디아서 2:20
- 학습 목표: 나의 옛사람 죽어야 산다.

1. 시작 (3분)

### 질문 던지기

"여러분, '죽어야 산다'는 말 들어본 적 있나요?"
세상에서는 모순처럼 들리지만, 성경은 이 원리를 강조합니다.
오늘 주제: "내가 십자가에서 죽는 만큼, 주님이 내 안에 사십니다."

2. 말씀 읽기 (5분)

"이제는 내가 사는 것이 아니요 오직 내 안에 그리스도께서 사시는 것이라"(갈 2:20).

보조 구절:
자기를 부인하고 자기 십자가를 지라(마 16:24).
한 알의 밀이 죽어야 열매 맺는다(요 12:24).

3. 핵심 메시지 (8분)

1) 정체성의 전환
"내 삶의 주인은 내가 아니라 예수님이다."
신앙은 '좋은 사람 되기 프로젝트'가 아니라, 주인 바꾸기.

2) 자기 부인과 작은 죽음
자기 부인은 단순히 포기하는 게 아님 → 방향 전환
작은 죽음: 화내고 싶을 때 참기, 사과하기, 양보하기.
내가 줄어드는 순간, 주님이 내 안에서 커지신다.

3) 열매 맺는 삶
씨앗이 죽어야 싹이 나는 것처럼, 내 자아가 내려갈 때 다른 사람이 살아난다.
하나님은 우리가 작은 결단을 할 때 열매로 응답하신다.

4) **실제 사례** (3분)

한 학생이 친구와 크게 다투고 자존심 때문에 사과하지 못했음.

말씀을 묵상하다가 '내가 죽어야 주님이 산다'는 마음을 붙잡고 먼저 사과함.

두 사람의 관계가 회복되고 오히려 더 깊은 친구가 됨. 작은 죽음이 큰 생명을 낳는다.

### 4. 나눔 질문 (4분)

1) 나는 요즘 '내가 주인'처럼 고집부리는 영역이 있나요?

2) 오늘 내가 선택할 수 있는 작은 죽음은 무엇일까요?

3) 내가 죽을 때 주님이 사시는 경험을 해본 적이 있나요?

### 5. 마무리 기도 (2분)

"주님, 제 안의 교만과 자아를 십자가에 못 박습니다. 이제는 내가 아니라, 주님이 제 안에 살아 계시길 원합니다. 작은 죽음을 통해 큰 열매 맺는 삶 되게 하소서. 아멘."

# 14.

## 장사되셨다가 사흘 만에 부활

### (죽음을 이기신 주님)

"예수님은 무덤에 장사되셨다가 3일 만에 부활하셨습니다"라고 고백할 때마다 가슴이 다시 뜨거워집니다. 오늘도 그 고백이 제 심장 깊은 곳에서 살아 움직이고 있습니다.

십자가 위에서 모든 것을 내어주신 주님은 실제로 죽으셨고, 사람들 앞에서 무덤에 안치되셨는데, 그 장사되심은 이야기나 상징이 아니라 역사적 사건이었고, 우리 죄가 정말로 처리되었다는 분명한 표지입니다.

그러나 소식은 거기서 끝나지 않았습니다, 3일 만에 부활하셨다는 복된 소식이 우리를 일으켜 세웠습니다. 만일 주님이 부활하지 않으셨다면 우리의 믿음은 헛될 것이며, 여전히 죄 가운데 머물렀을 것입니다. 그렇지요? 사도 바울은 "부활이 없다면 믿음도 헛것이다"

라고 엄중히 말했는데, 그 말이 오늘 우리에게 울려 퍼지듯이 들립니다. 그래서 우리는 다시 결심합니다. 부활은 선택 과목이 아니라 복음의 심장이라고.

주님은 부활하신 뒤 40일 동안 제자들과 많은 이들에게 친히 나타나셨습니다. 막달라 마리아와 다른 마리아가 그 새벽의 떨림 속에서 주님을 만나 울먹였고, 도마는 손과 옆구리의 상처를 확인하고서야 "나의 주님, 나의 하나님이십니다"라고 고백했습니다. 베드로는 눈물의 회복을 통해 다시 사명 앞에 서게 되었고, 야고보와 요한도 담대함을 입었으며, 무려 500명이 넘는 형제자매가 동일한 주님의 현현을 목격했지요. 바울은 스스로를 "만삭되지 못하여 난 자"라고 고백하며 그 은혜를 평생 간증했지요.

이 증언들은 꾸며낸 전설이 아니고, 서로 다른 시간과 장소에서 마주한 한 분의 살아 계신 주님에 대한 일치한 증거였고, 그 일치는 내 마음의 회의와 의심을 잠재우고 오늘을 살아가게 하는 근거가 됩니다. 우리는 가끔 무덤 앞에 선 그 새벽을 상상해 봅니다. 무거운 돌이 굴려졌고, 새벽빛이 어둠을 가르며 스며드는데, 그 빛은 단지 동쪽 하늘의 빛이 아니라 죽음을 꿰뚫고 나온 생명의 광채였습니다.

만약 주님의 부활이 없다면 사랑은 겨우 기억 속 감정일 것입니다. 소망은 낭만적인 문장에 그치겠지요. 그러나 예수님의 부활이 실제라면 사랑은 능력이 되고, 소망은 다시 시작하게 만드는 현실의 힘이 됩니다. 그래서 실패 앞에서 주저앉던 우리도 조심스레 일어나 보게 됩니다. “주님이 살아 계시니 나도 살겠습니다”라고 속삭이면 가슴 안쪽에서 작은 불씨가 살아나는 걸 느낍니다. 그 불씨가 오늘을 걷게 하는 연료가 되는 것이지요.

초대교회는 그 부활의 아침을 기억하며 주님의 날을 구별했습니다. 우리는 그날을 주일이라고 부르는데, 단순한 일요일이 아니라 부활의 승리를 기념하며 새로운 한 주를 여는 믿음의 첫 시간입니다. 구약의 안식은 쉼의 표지였지만, 부활 이후의 주일은 새 창조의 리듬을 시작하는 북소리와 같습니다. 그래서 예배를 주님이 여신 새벽에 맞춰 걷는 첫 발걸음이라고 부르고 싶네요. 주일은 쉬는 날의 다른 이름이 아니라 부활을 선포하는 날입니다. 예배는 의무가 아니라 생명의 호흡이고, 숨을 들이쉬듯 예배드리면 영혼이 다시 맑아집니다.

부활 신앙은 일상에서 빛날 때 가장 아름답습니다. 작은 친절 하나도 부활의 향기가 되고, 용서의 결정 하나가 빈 무덤의 메시지를 번역해 줍니다. “여기 계시지 않고 살아나셨다”라는 소식이 우리의 말투와 표정으로 흘러나오면 좋겠습니다. 때때로 현실은 거칠게 다가오고, 실패의 잔상은 오래 남아 흔들리게 하지만, 그럴 때 다시 복음을 붙잡아 보려 합니다. 무덤이 닫히지 못한 이유를 떠올리면서, 죄와 사망의 권세가 더 이상 마지막 말이 아니라는 사실을 속으로 곱씹어 봅니다.

"죽음아, 너의 쏘는 것이 어디 있느냐"라는 외침이 우리 귓가에서 다시 울립니다. 이 외침이 공허한 구호가 아니라 부활하신 주님의 현존에서 오는 담대함이라는 걸 오늘은 조금 더 믿어보고 싶습니다. 자신에게 조용히 "낙심아, 너는 장사되었고 희망이 3일 만에 일어났다"라고 속삭일 때에 어제의 무게는 오늘의 은혜 앞에서 가벼워집니다. 내일을 두려워하던 마음도 천천히 풀리고요.

예배 자리로 걸어갈 때 발걸음이 가벼워지는 이유는, 주님이 먼저 무덤에서 걸어나오셨기 때문이겠지요. 그 발자취를 따라 한 걸음, 또 한 걸음 옮기다 보면 다시 부활의 권능이 생긴다는 사실은 단순한 상징이 아니라 죄가 끝났다는 역사적 표시입니다.

## 교안

- 제목: 예수님의 부활
- 주제: 부활신앙은 과거의 사건이 아니라 오늘의 선택과 태도를 새롭게 한다.
- 본문: "이는 성경대로 그리스도께서 우리 죄를 위하여 죽으시고 장사지낸 바 되셨다가 성경대로 사흘 만에 다시 살아나사"(고전 15:3~4).
- 핵심 메시지: "부활은 복음의 심장이다."

• 학습 목표: 부활은 과거의 교리가 아니고 오늘의 삶을 변화시키는 능력임을 깨닫고 일상에서 선택과 태도로 부활 신앙으로 살아 내게 하는 것이다.

1. 아이스브레이크 (3분)

"죽음 이후에 대해 생각해본 적 있나요?"

"부활이 실제로 일어났다는 증거를 듣는다면, 내 믿음은 어떻게 달라질까요?"

간단한 나눔으로 '부활'이 막연한 개념이 아니라 '지금 내 삶과 연결된 사건'임을 느끼게 해주세요.

2. 본문 이해 (10분)

**1) 예수님의 장사되심 — 죄의 완전한 종결**

예수님은 실제로 무덤에 안치되셨습니다.

그분의 죽음은 상징이 아니라 역사적 사실이며, 우리 죄가 완전히 처리되었다는 하나님의 서명과 같습니다.

무덤에 들어가셨다는 말은 우리의 옛사람도 그분 안에서 장사되었다는 뜻입니다.

"예수님의 장사되심은 죄가 끝났다는 하나님의 확증입니다."

2) 3일 만에 부활하심 — 죽음을 이기신 능력

3일째 되는 새벽, 무덤의 돌이 굴려졌습니다.

그것은 단지 동쪽의 빛이 아니라 죽음을 꿰뚫은 생명의 빛이었습니다.

만약 부활이 없었다면 우리의 믿음은 헛것이 되었을 것입니다.

그러나 부활하신 주님 때문에 우리의 소망은 실제가 되었습니다.

"부활은 선택 과목이 아니라 복음의 심장입니다."

3) 부활의 증거 — 역사적, 공동체적, 인격적

막달라 마리아와 다른 마리아가 부활의 첫 증인이 되었고, 도마는 주님의 손과 옆구리를 보고 "나의 주님, 나의 하나님"이라 고백했습니다.

베드로는 눈물로 회복되고, 야고보와 요한은 담대함으로 변화되어 500명 이상의 증인이 동일한 주님을 만났습니다.

이 증언들은 꾸며낸 전설이 아니라 시간과 장소를 초월한 일치된 사실입니다.

"부활의 일치는 내 마음의 의심을 잠재우고 오늘을 살게 하는 근거입니다."

4) 부활 신앙 — 일상 속에 빛나는 생명

초대교회는 주님의 부활을 기념하여 '주일'을 구별했습니다.

단순한 휴일이 아니라 새 창조의 리듬을 시작하는 날이었습니다.

예배는 의무가 아니라 생명의 호흡, 부활의 빛을 다시 들이마시는 시간입니다.

작은 친절, 용서의 결정, 부드러운 말 한마디도 부활의 향기가 됩니다.

"예수님의 부활이 실제라면 사랑은 능력이 되고, 소망은 현실의 힘이 됩니다."

3. 나눔과 적용 (10분)

**나눔 질문**

1) 나는 '부활'을 정보로만 알고 있었던 적이 있나요?

2) 최근 내 마음이 '무덤'처럼 닫혀 있었던 순간이 있다면 언제인가요?

3) 그 자리에 예수님의 부활이 스며든다면, 무엇이 달라질까요?

**적용 포인트**

"주님이 살아 계시니 나도 다시 살겠습니다."

— 오늘의 고백으로 하루를 시작해 봅시다.

낙심의 무덤을 '소망의 자리'로 바꾸는 첫걸음은 예배의 자리로 나아가는 순종입니다.

4. 결단과 기도 (5분)

“주님, 무덤에서 걸어나오신 그 발자국을 따라 저도 오늘 일어서기를 원합니다. 죄와 두려움이 장사되었음을 믿고, 새 생명으로 다시 살게 하소서. 부활의 빛이 내 일상 곳곳에 스며 사랑과 용서, 친절로 흘러가게 하옵소서. 예수님의 이름으로 기도드립니다. 아멘.”

15.

# 죄 사함의 확실한 은혜

## (부활을 통한 확실한 믿음)

어느 봄 새벽이었어요. 차가운 공기를 가르며 교회 지붕에 커다란 십자가를 보자, 마음 저 깊은 곳에서 설명하기 어려운 죄책감이 일렁였어요. "나는 왜 이렇게 자주 넘어질까요?"라는 속삭임이 흘렀지요. 그때 십자가가 눈에 들어왔습니다. 조용한 성전 안에서 말씀을 펴니, 하나님이 아들을 주셨다는 사실이 새롭게 다가왔어요. '그분이 날 위해 대신 값을 치르셨다'는 진리가 가슴에 파도처럼 밀려왔고, 눈시울이 뜨거워졌습니다.

누구에게나 있는 문제, 죄와 죽음입니다.

사람은 누구나 선해 보이려 애쓰지만, 마음 한가운데에는 지울 수 없는 흔적이 남아 있습니다. 그것이 바로 죄이고, 죄의 결과가 죽음이지요. 겉모습은 단정해 보여도 양심은 우리를 조용히 소환하곤

합니다. 하지만 하나님은 우리를 내버려두지 않으셨고, 예수 그리스도를 이 땅에 보내주셨습니다. 예수님의 십자가 대속(代贖)의 사랑입니다. 주님은 우리 죄를 대신하여 모욕과 수치를 감내하셨고, 십자가 위에서 생명을 내어주셨습니다. 이것은 고통의 장면이면서도 구원의 전환점이었어요. 단순한 육체의 상처가 아니라 온 인류의 죄짐을 짊어지신 영적 고통이었기 때문입니다. 그 피 흘리심이 없었다면, 우리는 여전히 심판 아래 머물러 있었을 것입니다.

"예수는 우리가 범죄한 것 때문에 내줌이 되고 또한 우리를 의롭다 하시기 위하여 살아나셨느니라"(롬 4:25).

"이는 성경대로 그리스도께서 우리 죄를 위하여 죽으시고 장사 지낸 바 되셨다가 성경대로 사흘 만에 다시 살아나사"(고전 15:3~4).

곧, 부활은 죄 사함이 실제로 이루어졌다는 하늘의 보증이 됩니다. 그래서 우리는 담대히 나아갈 수 있는 것입니다. "다 이루었다"라는 말씀은 구원의 완성 선언입니다. 예수님이 십자가 위에서 "다 이루었다"라고 선포하신 것은 패배의 한숨이 아니라, 빚이 완불되었다는 승리의 외침입니다. 세상은 십자가를 실패로 여기지만, 믿는 우리에게 십자가는 하나님의 능력이고, 부활은 새 생명의 시작입니다. 그래서 오늘도 우리는 "나는 용서받은 자입니다"라고 고백할 수 있는 것입니다.

믿음의 고백은 어떻게 시작할까요?

사실을 인정해요. 나는 죄인이었고, 스스로 구원할 수 없었습니다. 복음을 수납해요. 예수님이 나를 위해 죽으시고 부활하셨습니다. 관계를 맺어요. 주님을 주인으로 의식하며 살겠습니다. 말씀에 뿌리내려요. 작은 순종이 자주 반복되면 삶이 달라집니다. 기쁨을 나눠요. 받은 은혜는 흘려보낼수록 커질 것입니다.

부활의 능력을 내 일상에서 어떻게 느낄까요?

죄책감이 밀려올 때 완료된 용서를 다시 선언합니다. 두려움이 올 때 부활의 생명을 묵상합니다. 관계가 어려울 때 화해의 첫 말을 꺼내 봅니다. 낙심될 때 "예수님은 그리스도이십니다. 예수님, 사랑해요. 예수님, 고맙습니다. 예수님, 감사합니다"라고 고백하면서 나아가면 힘을 얻습니다.

오늘 적용되는 복음, 자유, 평안은 항상 함께 출발합니다. 복음은 어제의 기록이 아니라 지금의 능력입니다. 실수와 좌절 위에 주님은 새 여백을 주시고, 상처 난 마음에 화해와 회복의 길을 열어 주십니다. '나는 하나님께 용서받은 사람이다'라는 정체성을 붙들면, 비교의식에서 조금씩 풀려날 것입니다. 그러면 평안이 깊어지고, 다시 걸어갈 힘이 샘솟을 것입니다.

**자주 묻는 마음의 질문에 대해 짧게 답해볼까요?**

**Q. 자꾸 실패하는데, 자격이 있을까요?**

A. 복음은 자격을 채우는 제도가 아니라, 자격 없는 자를 초대하

는 은혜예요. 그래서 가능합니다.

**Q. 죄책감이 계속 올라오면 어떻게 할까요?**

A. 이미 지급된 영수증처럼, 부활의 보증을 반복해 확인하시면 좋아요. 말씀으로 영혼의 영수증을 확인해요.

**Q. 하나님이 정말 나를 사랑하실까요?**

A. 십자가는 감정의 기복을 넘어서는 객관적 표지예요. 사랑은 이미 행동으로 증명되었습니다.

마무리 고백문입니다.

"주 예수님, 당신은 제 죄를 대신해 십자가에서 죽으셨고, 사흘 만에 부활하셨습니다. 저는 그 사실을 믿고 의지합니다. 오늘도 '다 이루었다'는 선언 위에 서겠습니다. 제 삶이 은혜의 증거가 되도록 인도해 주세요. 예수님 이름으로 기도합니다. 아멘."

## 교안

- 제목: 죄 사함의 은혜
- 주제: 부활은 십자가에서 완성된 죄 사함을 확증하는 하나님의 보증이며, 믿는 자가 용서받은 정체성으로 새 생명을 살아가는 능력이다.
- 본문(교독 또는 돌아가며 말씀 읽기): 에베소서 1:7/ 로마서 4:25/ 고

린도전서 15:3~4/ 요한복음 19:30

- 학습 목표: 부활과 죄 사함과 구원의 완성을 확증하는 하나님의 보증임을 깨닫고 용서받은 정체성으로 일상에서 믿음의 고백과 순종을 실천하게 한다.

키워드 표시 활동(포스트잇/필기)

- '의롭다 하심', '속량', '다 이루었다', '성경대로'

- 해석(의미)

핵심 진리 — 대속의 사랑입니다.

예수님은 우리 죄를 대신 지시고 십자가에서 죽으셨습니다. 이것은 도덕적 본보기 그 이상이고, 법적·언약적 대속의 사건입니다.

'속량'의 뜻: 값을 치렀다.

- 토의(소그룹 나눔)

Q1. 죄 사함의 은혜로 어떠한 변화가 있었나요?(서로 대화하기)

Q2. 십자가 사랑과 부활의 보증을 믿는다면, 내가 오늘 손을 내밀 수 있는 사람은 누구일까요?

Q3. 공동체가 함께 지켜 줄 믿음 습관 한 가지를 정해 볼까요?

• 마침 기도 (2분)

» 인도자 길을 여는 기도

"주님, 우리가 자주 넘어지지만 십자가와 부활로 이미 길을 열어 주셨음을 감사합니다."

16.

# 예수님은 그리스도이십니다

## (부활하신 그분의 이름: 구원자, 주님, 메시아)

이 책에서 가장 핵심적인 부분입니다. 왜냐하면 예수님께서 그리스도가 되신 비밀(?)을 말해 주기 때문입니다. 사모하는 마음으로 읽으시면 은혜가 두 배가 될 것입니다.

다음 세대와 새가족에게도 막힘 없이 설명할 수 있도록, 복음의 핵심을 차분히 정리해 보겠습니다.

"예수께서 그리스도이심을 믿는 자마다 하나님께로부터 난 자니"(요일 5:1).

어느 날, 손주가 조용히 묻더군요. "할아버지, 예수님은 누구예요? 그리고 그리스도는 뭐예요?" 잠깐 멈칫했지요. 머리로는 안다고 생각했는데, 입으로 자연스럽게 풀어 말하려니 쉽지 않았습니다. 혹시 비슷한 경험이 있나요? "다 크면 알게 돼"라며 얼버무린 적이 있었을 것입니다. 바쁜 일상 속에 핵심이 흐릿해질 때가 있거든요. 하지만 이 질문은 신앙의 중심을 찌르는 물음입니다. 예수님은 누구신가요? 그리스도는 무슨 뜻인가요? 왜 예수님이 그리스도가 되셨나요?

그러면 예수님은 누구신가요?

예수님은 하나님의 아들이십니다. 곧 하나님께서 사람의 몸을 입고 오신 분이지요. 우리를 죄에서 건져내시려는 목적 때문에 이 땅에 오셨습니다. 그것을 신학적으로 성육신이라 부르죠.

그리고 '예수'의 뜻은 자기 백성을 그들의 죄에서 구원할 자입니다. 예수님은 우리의 자리로 들어오셨어요. 배고픔과 눈물, 외로움과 상처를 아셨습니다. 전능하신 분이 낮아짐을 선택하신 이유는 사랑입니다.

그리스도는 누구인가요?

'그리스도'는 헬라어 Christ의 음역이고, 히브리어로는 메시아입니다. 우리나라 말은 구세주, 주님입니다. 뜻은 '기름 부음을 받은 자'예요. 구약에서 왕·제사장·선지자는 하나님이 맡기신 사명을 위해 기름 부음을 받았습니다. 예수님은 이 세 직분을 완전하게 성취하셨습니다.

왜 예수님이 그리스도가 되셨나요?

핵심은 십자가와 부활입니다. 예수님은 십자가에서 우리 죄의 형벌을 짊어지셨고, 우리가 받아야 할 심판을 대신 받으셨습니다. "다 이루었다"라고 선언하시며 피와 물을 다 쏟으셨습니다. 장사된 지 사흘 만에 부활하심으로 약속을 완성하셨지요.

바로 이 부활 사건을 통해 예수님은 참된 그리스도로 드러나셨습니다. 단지 위대한 스승이나 도덕 교사가 아니라, 주님(LORD)이요 구세주이십니다. 지금도 살아 역사하신다는 사실이 놀랍지요?

복음의 심장은 "예수님은 그리스도이십니다"인데, 우리가 "예수님은 그리스도이십니다"라고 고백할 때, 이 한 문장 안에는 속죄와 부활, 그리고 통치가 모두 담겨 있습니다. 그래서 이 고백은 복음의 심장이라 불립니다.

"예수께서 그리스도이심을 믿는 자마다 하나님께로부터 난 자니…"(요일 5:1).

→ 예수님을 그리스도로 믿는 사람은 하나님의 자녀입니다. 특권일까요? 네, 은혜의 신분이지요. 결국 우리는 믿음으로 이 복을 받습니다. 자녀와 손주, 초신자에게도 복잡하지 않게 이렇게 말해볼까요? "예수님은 내 죄를 위해 죽으셨고, 사흘 만에 다시 살아나신 구세주예요. 그래서 예수님이 그리스도이십니다." 간단하지만 깊은 고백이지요.

"예수님은 그리스도이십니다"라는 말의 엄청난 비밀이 여기에 있습니다.

정의: "그리스도는 기름 부음을 받은 구원자라는 뜻입니다."

핵심: “예수님이 십자가에서 죽으시고 부활하심으로 그리스도가 되셨습니다.”

결론: “그러므로 예수님을 그리스도로 믿는 사람은 하나님의 자녀이지요.”

그러므로 육신을 입고 오신 예수님을, 우리의 죄를 담당하사 십자가에서 죽으시고 부활하신 그분을 그리스도(주님)라 합니다.

다시 말해, 예수님이 반드시 십자가를 거쳐야 그리스도가 되신 것을 잊어서는 안 되겠습니다.

이것이 비밀입니다.

복음의 핵심은 예수님의 죽으심과 부활인데, “예수님은 그리스도이십니다”라는 말이 그것을 다 포함하기에, 이 사실을 믿을 때 하나님께로 난 자, 하나님의 자녀가 되는 것입니다(요일 5:1).

같은 말을 계속하는 것 같지만 너무 중요하기에 그렇습니다. 짧게라도 분명하게 전하면, 아이들의 마음에도 씨앗이 심어질 거예요. 때로는 길게 설명하기보다 한 문장의 확신이 더 또렷하게 남습니다.

육신을 입고 오신 예수님은 십자가에서 죽을 때까지는 분명 사람이었습니다. 그리고는 3일 만에 부활하셨습니다. 부활하신 그분이 그리스도가 되셨습니다.

그래서 예수님은 십자가를 통하여 그리스도가 되신 것입니다.

다시 말하지만, 예수님은 다른 것으로 그리스도가 된 것이 아니라, 오직 십자가에서 죽으시고 부활하심으로 그리스도가 되셨다는 것입니다. 이것이 비밀이고, 하나님의 능력이요, 하나님의 지혜입니다.

아침마다 조용히 고백해 보세요. "예수님은 그리스도이십니다." 짧지만 강력합니다.

가정 예배에서 아이에게 물어보죠. "그리스도는 무슨 뜻일까?" 대답을 기다려 주면 좋아요.

초신자에게 설명할 때는 '십자가-죽으심–부활–그리스도' 순서로 간결하게 전해 보세요.

"예수님은 그리스도이십니다."

"그분은 사흘 만에 부활하셔서 지금도 살아 계십니다."

"그 사랑이 오늘도 제 삶에서 증언되길 원해요."

우리 가정과 교회, 그리고 다음 세대의 입술 위에 이 고백이 늘 살아 움직이길 기도합니다. 아멘.

## 교안

- 제목: 예수님은 그리스도이십니다
  (부활하신 그분의 이름)
- 주제: 예수님은 십자가에서 죽으시고 부활하심으로 참 그리스도가 되셨으며 이 고백을 믿는 자는 하나님께로부터 난 자이다.
- 본문: 요한일서 5:1

• 학습 목표: '예수님은 누구신가', '그리스도는 무엇인가'를 명확히 이해한다.
예수님이 십자가와 부활을 통해 '그리스도(구세주)'가 되셨음을 깨닫는다.
짧고 분명한 복음의 핵심을 자녀·손주·초신자에게 전할 수 있다.

1. 아이스브레이크 (3분)

(질문으로 시작해보세요.)

혹시 누군가가 "예수님은 누구예요?" "그리스도는 무슨 뜻이에요?"라고 묻는다면, 막힘 없이 설명할 수 있나요?

혹은 "다 크면 알게 돼요" 하고 넘긴 적은 없나요?

**나눔 포인트**

우리의 신앙을 다음 세대에게 전하기 위해, '예수님은 그리스도이십니다'라는 고백을 다시 새기자는 마음으로 시작해요.

2. 본문 말씀 (요일 5:1)

"예수께서 그리스도이심을 믿는 자마다 하나님께로부터 난 자니."

**핵심 요약**

예수님을 그리스도로 믿는 사람은 하나님께로부터 난 자, 곧 하나님의 자녀입니다.

이 말씀은 복음의 뼈대이며, 믿음의 근본 선언입니다.

## 3. 본문 이해 (10분)

### 1) 예수님은 누구신가요?

예수님은 하나님의 아들, 즉 하나님께서 사람의 몸으로 오신 분입니다.

사람의 연약함 속으로 들어오셔서 배고픔, 눈물, 외로움을 직접 경험하셨습니다.

성육신(Incarnation): 하나님께서 인간의 모습으로 오신 사건입니다.

'예수'(Yeshuah)라는 이름은 '자기 백성을 그들의 죄에서 구원할 자'라는 뜻입니다.

전능하신 분이 낮아짐을 택하신 이유는 단 하나, 사랑 때문입니다.

### 2) 그리스도는 누구인가요?

'그리스도'는 헬라어 Christ, 히브리어로는 메시아(Messiah)입니다.

뜻은 '기름 부음을 받은 자', 즉 하나님께서 특별히 세우신 구원자라는 의미입니다.

구약 시대의 왕·제사장·선지자가 기름 부음을 받았던 것처럼, 예수님은 세 직분을 완전히 성취하신 분입니다.

직분의 의미 - 예수님 안에서의 완성

왕: 다스리는 자. 죄와 사망을 이기시고 부활로 통치하심.

제사장: 하나님과 사람 사이의 중보자. 십자가로 우리의 죄를 속죄하심.

선지자: 하나님의 뜻을 전하는 자. 복음과 진리를 선포하심.

**3) 왜 예수님이 그리스도가 되셨나요?**

핵심은 십자가와 부활입니다.

예수님은 우리의 죄의 형벌과 심판을 대신 받으셨습니다.

"다 이루었다"라고 하시며 피와 물을 쏟고 죽으셨습니다.

장사된 지 사흘 만에 부활하심으로 구원의 약속을 완성하신 것입니다.

바로 그 부활 사건을 통해 예수님이 참된 그리스도(구세주)로 드러나셨습니다. 그분은 단순한 스승이 아니라, 살아 계신 주님(LORD)이십니다.

4. 핵심 메시지 (5분)

**복음의 심장**

"예수님은 그리스도이십니다."

이 한 문장 안에는, 육신을 입고 오신 예수님께서 십자가에서 우리 죄의 형벌과 심판을 대신하여 죽으시고, 부활하심으로 그리스도가 되셨다고 다 포함되어 있기에 엄청난 비밀입니다.

즉, 예수님이 십자가를 거침으로 그리스도가 되셨다는 것을 잊어서는 안 되겠습니다.

그래서 이 고백을 바로 복음의 심장이라고 부릅니다.

**재확인**

"예수께서 그리스도이심을 믿는 자마다 하나님께로부터 난 자니."

→ 예수님을 그리스도로 믿는 사람은 하나님의 자녀입니다.

5. 적용과 나눔 (7분)

**나눠봅시다.**

1) '예수님은 그리스도이십니다'라는 고백이 내 삶 속에서 어떤 의미로 다가오나요?

2) 자녀나 손주가 "예수님은 누구예요?"라고 물을 때, 어떻게 답하겠습니까?

3) 나는 예수님을 단순한 '믿음의 인물'로 보고 있나요? 아니면 '살아 계신 주님'으로 믿고 있나요?

## 6. 정리 포인트 (3분)

육신을 입고 오신 예수님은 십자가에서 죽으시고 부활하셨습니다. 그분이 바로 그리스도, 곧 주님이시며 구세주이십니다.

예수님은 반드시 십자가를 거쳐야만 그리스도가 되셨습니다. 이것이 바로 복음의 비밀입니다.

## 7. 실천과 결단 (3분)

**오늘의 적용**

아침마다 조용히 고백해 보세요.
"예수님은 그리스도이십니다."
— 짧지만 강력한 믿음의 선언이에요.

가정 예배에서 아이에게 물어보세요.
"그리스도는 무슨 뜻일까?"
대답을 기다려 주면, 마음속에 믿음의 씨앗이 심어질 거예요.

초신자에게 전할 때는
십자가 → 죽으심 → 부활 → 그리스도
순서로 간결하게 설명해 보세요..

8. 마무리 고백과 기도 (2분)

"주님, 예수님이 그리스도이심을 믿습니다. 그분의 십자가와 부활을 통해 저를 구원하신 은혜를 감사드립니다. 이 진리를 다음 세대와 새가족에게 전하게 하소서. 오늘도 '예수님은 그리스도이십니다'라는 고백이 우리 가정과 교회 안에 살아 움직이게 하옵소서. 예수님의 이름으로 기도합니다. 아멘."

# 17.

## 왕으로 오신 예수님

### (왕이신 예수 그리스도, 죽음을 이기신 주님)

어느 봄날, 한 노신사가 병원 침대에 누워 있었습니다. 의사는 가족들에게 말했습니다. “이제 마음의 준비를 하셔야 합니다.” 하지만 그분의 얼굴에는 이상하게도 평안이 흘렀습니다. 그는 약한 손으로 손녀의 손을 꼭 잡으며 속삭였습니다. “얘야, 괜찮단다. 예수님이 이미 죽음을 이기셨단다. 그분이 왕이시기 때문이지.” 그 말을 들은 손녀의 눈에서 눈물이 흐르기 시작했습니다. 그 순간 병실 공기는 눈에 보이지 않게 바뀌었습니다. 두려움 대신 소망이, 슬픔 대신 평안이 자리잡은 것이었습니다.

왕이신 예수님께서는 죽음의 권세를 가진 마귀를 깨뜨리시고, 한평생 매여 죽음의 종 노릇 하는 자들을 해방시켜 주기 위해 오신 것입니다.

"죽음을 통하여 죽음의 세력을 잡은 자 곧 마귀를 멸하시며 또 죽기를 무서워하므로 한평생 매여 종 노릇 하는 모든 자들을 놓아 주려 하심이니"(히 2:14~15).

예수님은 단지 십자가에서 죽으신 분이 아닙니다. 그분은 죽음에 정면으로 맞서 싸우셔서 이기신 왕이십니다. 죽음의 권세를 쥔 사탄을 꺾고, 평생 두려움에 묶여 살던 우리를 해방시키셨습니다.

사람들은 인생의 마지막 순간, '죽음' 앞에서 가장 큰 공포를 느낍니다. 하지만 부활하신 예수님은 그 두려움을 완전히 무너뜨리셨습니다. 그분의 부활은 단순한 기적이 아니라 하늘의 왕이 땅에 즉위하신 사건입니다. 죽음이 더 이상 최종 결론이 아니라는 선언이지요. 이제 더 이상 죽음을 두려워하지 아니하고 예수님께서 부활이요 생명이시니 우리가 이러한 사실을 믿음으로 우리도 부활의 권능으로 살 수 있다는 것입니다.

"나는 부활이요 생명이라. 나를 믿는 자는 죽어도 살겠고, 살아서 믿는 자는 영원히 죽지 아니하리니, 이것을 네가 믿느냐?" 이 말씀(요 11:25~26)은 단순한 위로의 말이 아닙니다. 왕의 선포이며, 영원한 생명의 약속입니다. 그분은 사망의 문을 열고, 영원한 생명의 길을 여셨습니다. 우리가 믿는 예수님은 왕으로서 세상을 다스리십니다. 그분은 하늘의 보좌에 앉아 지금도 살아 역사하시며, 믿는 자의 삶 속에서 두려움을 평안으로, 절망을 희망으로 바꾸십니다.

다시 말하지만 많은 사람들이 '죽음'을 생각하면 마음이 얼어붙습니다. 하지만 그리스도 안에 있는 사람은 다릅니다. 예수님은 죽음의 세력을 멸하시고, 우리에게 영생을 주셨기 때문입니다.

이제 우리는 더 이상 죽음 앞에서 떨지 않아도 됩니다. 그분이 이미 승리하셨으니까요. "나는 부활이요 생명이라." 이 한마디가 모든 어둠을 밝히는 왕의 음성입니다. 믿음의 눈을 들어 보면, 죽음조차 예수님 발아래 복종하고 있음을 보게 됩니다. 그분이 왕이시기 때문이지요. 그리스도께서 다시 살아나셨다는 이 사실은, 우리 인생의 가장 깊은 절망에도 새로운 시작이 있음을 증거합니다.

예수님은 지금도 부활의 왕으로 우리 곁에 계십니다. 그분의 통치는 교회 안에서만이 아니라, 우리의 가정과 일터, 그리고 마음 깊은 곳에서도 이루어지고 있습니다. 죽음의 공포를 뛰어넘어 생명의 빛으로 걸어가게 하는 능력, 그것이 바로 왕이신 예수 그리스도의 은혜입니다. 오늘도 예수님께 이렇게 고백해 봅시다.

"주님, 나의 두려움을 다스려 주시고, 죽음을 이기신 왕의 생명으로 나를 새롭게 해주세요."

예수님은 그리스도이십니다. 그분은 지금도 살아 계신 왕이십니다.

## 교안

- 제목: 왕이신 예수 그리스도
- 주제: 예수님은 부활로 죽음을 정복하신 왕으로서 믿는 자에게 두려움 대신 영원한 생명과 소망이신 그리스도이시다.
- 본문: 히브리서 2:14~15
- 학습 목표: 예수님이 부활로 죽음을 이기신 왕이심을 깨닫고, 그분의 통치 아래서 두려움 대신 생명과 소망으로 살아가게 한다.
- 핵심구절: "나는 부활이요 생명이니 나를 믿는 자는 죽어도 살겠고 무릇 살아서 나를 믿는 자는 영원히 죽지 아니하리니 이것을 네가 믿느냐"(요 11:25~26).

1. 아이스브레이크 (3분)

### 나눔 질문

"혹시 '죽음'이란 단어를 들으면 어떤 감정이 떠오르시나요? 두렵나요, 아니면 평안하신가요?"

"최근에 '부활'이란 단어를 들었을 때 마음에 어떤 울림이 있었나요?"

오늘은 예수님이 죽음을 이기신 왕이심을 함께 묵상하며,

그 믿음이 우리의 두려움을 어떻게 바꾸는지 나누어보려 합니다.

2. 말씀 읽기 (3분)

히브리서 2:14~15

예수님은 단지 스승이 아니라 죽음을 정면으로 맞서 싸워 이기신 왕이십니다.
죽음의 권세를 잡은 마귀를 멸하시고, 두려움 속에 묶여 있던 사람들을 자유롭게 하셨습니다.

3. 말씀 이해 (10분)

예수님의 사역 : 십자가에서 죽음을 이기시고, 부활로 왕의 권세를 드러내심.
왕의 통치 의미 : 두려움과 절망을 깨뜨리고, 믿는 자에게 생명을 주심.
신앙적 의미 : 부활은 단순한 위로가 아닌 하늘의 왕이 즉위하신 사건임.

"죽음을 통하여 죽음의 세력을 잡은 자 곧 마귀를 멸하시며"(히 2:14).
"나는 부활이요 생명이니…"(요 11:25).

### ♧ 핵심 포인트

1) 예수님은 싸워 이기신 왕 : 죽음을 '정면으로' 맞서 이기신 분이심.

2) 부활은 단지 기적이 아니라 왕의 즉위 선언

3) 그분이 왕이 되셨기에 믿는 자는 이제 두려움 대신 담대함을 가질 수 있음.

### 4. 나눔 질문 (10분)

1) 나는 '죽음을 이기신 예수님'을 얼마나 실제적으로 믿고 있나요?

단순한 위로로 생각하나요, 아니면 실제 내 인생의 왕으로 모시고 있나요?

2) 최근 내 마음을 지배하고 있는 '두려움'은 무엇인가요?

질병, 노후, 실패, 외로움, 혹은 사람에 대한 두려움인가요?

3) 예수님의 부활이 나의 일상(가정, 직장, 신앙)에 어떤 새로운 시작을 주고 있나요?

5. 적용 (7분)

**삶으로 옮기는 적용**

“나는 부활이요 생명이다”라는 말씀을 하루 한 번 소리 내어 선포해 보세요.

두려운 상황이 다가올 때마다 “그분은 왕이시다”라고 마음속으로 고백하세요.

오늘 하루 동안 누군가에게 예수님은 죽음을 이기신 분임을 나의 말과 행동으로 보여주세요.

6. 정리 & 결론 (5분)

예수님의 부활은 왕의 승리 선포입니다.

죽음은 더 이상 끝이 아니고, 새로운 시작의 문이 되었습니다.

왕이신 예수님은 지금도 살아 계시며, 우리의 두려움을 평안으로 바꾸십니다.

**핵심 한 줄 요약:**

“죽음을 이기신 왕, 예수 그리스도 — 그분을 믿는 자는 영원히 죽지 않는다.”

7. 마무리 기도 (3분)

"부활의 주님, 예수님은 죽음을 이기신 왕이십니다. 제 마음에 있는 두려움과 절망을 다스려 주세요. 오늘도 부활의 생명으로 새롭게 하옵소서. 예수님의 이름으로 기도드립니다. 아멘."

### 인도자 Tip

본문을 읽을 때는 '죽음을 이기신 왕'이라는 문구를 강조해서 낭독하세요. 참여자들이 두려움 대신 소망과 담대함을 고백하도록 격려해 주세요. 마지막에는 함께 "예수님은 그리스도이십니다. 그분은 지금도 살아 계신 왕이십니다"를 합독하며 마무리하면 좋습니다.

# 18.

## 대제사장이신 예수님

### (단번에 속죄를 이루신 사랑)

예수님께서 십자가를 거쳐서 그리스도가 되시고, 왕으로 오셔서 우리의 죽음의 문제를 해결하셨고, 여기서는 대제사장으로서 우리의 죄 문제를 해결하셨습니다.

레위기 제사의 무게를 기억하되, 십자가에서 완성된 은혜를 더 깊이 붙들고, 오늘 대제사장이신 주님께 담대히 나아가기를 원합니다.

대제사장 되신 주님을 묵상하게 되는 고백은 "그 피가 충분합니다"라는 고백입니다. 장례를 마치고 돌아오던 저녁, 한 집사님이 조용히 말했어요. "젊을 땐 죄가 가볍다 여겼는데, 나이가 들수록 마음이 무거워지네요." 그분은 한참을 침묵하다가 덧붙였죠. "그런데 이상하지요? '예수님의 피가 충분합니다'라고 속삭이면 숨이 트이는 거예요." 그 순간, 우리 모두의 눈빛이 조금 따뜻해졌습니다. 죄책의 그늘이 완전히 걷힌 건 아니었지만, 대제사장이신 예수님을 바라보는 믿음이 한 겹 더 짙어졌거든요.

옛 제사 제도의 의미는 피로 값을 치르는 것이었습니다. 예수님 이전, 이스라엘은 죄를 범하면 반드시 제물을 성막으로 가져갔습니다. 죄인은 제물의 머리에 손을 얹어 죄를 전가했고, 제사장은 그 피를 제단 사면에 뿌렸습니다. 가죽을 벗기고 각을 뜬 뒤, 기름과 함께 완전히 태워 향기로운 번제로 드렸지요(레 1장). 번거로운 절차 같지만, 이는 '죄에는 반드시 대가가 있다'는 하나님의 교육이었습니다.

눈앞에서 피가 흐르고 연기가 치솟는 장면은, 죄가 가볍지 않음을 영혼에 각인시켰습니다. 의식이 반복될수록 인간은 깨닫게 되었습니다. "죄는 그냥 사라지지 않는다. 반드시 누군가가 값을 치러야 한다." 참 엄중한 훈련이었습니다.

그러나 이제 결정적으로 달라졌습니다.

예수 그리스도께서 대제사장으로 오셔서, 스스로 완전한 제물이 되셨습니다. 더는 짐승의 피가 필요치 않습니다. 십자가 위에서 흘리신 그 피로 단번의 제사가 완성되었기 때문이지요. 그래서 우리는 넘어질 때마다 새로운 제물을 찾을 필요가 없습니다. 믿음으로 이렇게 고백하면 충분합니다. "주님의 피가 제게 충분합니다."

"우리는 그리스도 안에서 그의 은혜의 풍성함을 따라 그의 피로 말미암아 속량 곧 죄 사함을 받았느니라"(엡 1:7).

히브리서는 더 분명히 선언합니다. "예수 그리스도의 몸을 단번에 드리심으로 말미암아 우리가 거룩함을 얻었노라"(히 10:10). 반복 제사의 시대는 지나갔고, 완성의 은혜가 우리 위에 머물고 있습니다. 참 감사한 일이지 않습니까?

예수의 피는 오늘도 살아 역사하는 능력이 있습니다. 우리는 여전히 실수하고 때로는 무너지죠. 그때마다 마음속에서 속삭이는 목소리가 있습니다. "넌 자격이 없어." 하지만 복음은 정반대로 선포합니다. "그분의 피가 이미 너를 깨끗하게 했다." 불안이 차오를 때, 이 약속을 붙들면 어떨까요?

"그 아들 예수의 피가 우리를 모든 죄에서 깨끗하게 하실 것이요" (요일 1:7).

이 말씀은 단순한 문장이 아니라, 죄책감과 수치 속에 주저앉은 영혼을 다시 일으키는 생명의 약속입니다. 믿음의 고백을 아주 짧게라도 내뱉어 보세요. "예수님의 피가 충분합니다." 생각보다 마음이 가벼워질 것입니다.

주님은 하늘의 대제사장이므로 지금도 중보하십니다. 예수님은 과거에 제사를 드리고 사라지신 분이 아닙니다. 지금도 하늘 보좌 우편에서 우리를 위해 중보하고 계십니다. "그가 시험을 받아 고난을 당하셨은즉 시험 받는 자들을 능히 도우실 수 있느니라"(히 2:18). 우리 연약함을 아시기에, 주님은 단호하게 꾸짖기보다 은혜의 보좌로 부르십니다. "담대히 나아오라." 이 초대는 오늘도 유효합니다. 그렇죠?

그래서 우리는 다시 시작할 수 있습니다. 주님은 실패 위에 멈추지 않으시고, 소망을 다시 심어 주십니다. 대제사장이신 그분의 사역은 용서의 확증과 평안의 회복으로 우리 안에 계속되는 것입니다.

신학적 핵심 정리도 필요합니다.

대속적 제사 : 예수님은 제물과 제사장 역할을 동시에 성취하셨습니다.

단번의 완성 : 반복이 아닌 완결이며 더 보탤 것이 없습니다.

현재적 효력 : 피의 능력은 과거 사건이 아니라, 오늘 우리 양심에 작동합니다.

중보 사역 : 지금도 하늘에서 신자들을 위해 변호하고 간구하십니다.

나는 실패 이후에도 은혜의 보좌로 담대히 나아가나요, 주저앉나요? '자격 없음'이라는 소리에 눌릴 때, 복음의 반대 선언을 기억하나요?

오늘 내 언어와 선택은 "그 피가 충분하다"는 믿음을 보여주나요? 십자가로 완전한 제사, 완전한 평안입니다. 예수님은 단 한 번의 제사로 모든 시대의 죄 문제를 해결하셨습니다. 그러므로 우리는 더 이상 반복의 공포에 머물지 않아도 됩니다. 다 이루었다는 선언이 이미 울려 퍼졌으니까요. 이제 남은 것은 그 완성을 신뢰하며 평안으로 걸어가는 일입니다. 오늘도 담대히 은혜의 보좌 앞으로 나아가 봅시다. 예수님은 우리의 대제사장이십니다. 그분의 피는 지금도 살아 역사하며, 우리의 모든 죄를 깨끗하게 하십니다.

"그러므로 우리는 긍휼하심을 받고 때를 따라 돕는 은혜를 얻기 위하여 은혜의 보좌 앞에 담대히 나아갈 것이니라"(히 4:16).

## 교안

- 제목: 대제사장이신 예수님(단번에 속죄를 이루신 사랑)
- 주제: 예수님은 단번의 대속으로 죄를 완전히 씻으시고 지금도 중보하시는 대제사장으로서, 믿는 자를 은혜의 보좌로 담대히 부르신다.
- 본문: 레위기 1장/ 에베소서 1:7/ 요한일서 1:7/ 히브리서 2:18/ 히브리서 10:10
- 학습 목표: 예수님이 단번의 대속과 현재의 중보로 죄 사함을 완성하셨음을 깨닫고, 실패 이후에도 은혜의 보좌로 담대히 나아가게 한다.
- 핵심구절: "우리는 그리스도 안에서 그의 은혜의 풍성함을 따라 그의 피로 말미암아 속량 곧 죄 사함을 받았느니라"(엡 1:7).

### 1. 아이스브레이크 (3분)

"죄책감이 들 때, 가장 먼저 떠오르는 생각은 무엇인가요?"

"누군가 '예수님의 피가 충분합니다'라고 말할 때 어떤 느낌이

드시나요?"

오늘은 예수님이 우리의 대제사장으로 오셔서 단번에 속죄를 이루신 사건을 살펴보려 합니다. 그분이 지금도 우리를 위해 중보하고 계심을 함께 묵상해 봅시다.

2. 본문 읽기 (5분)

레위기 1:1~9; 에베소서 1:7; 요한일서 1:7; 히브리서 10:10

구약 시대에는 죄를 지으면 반드시 제물을 드려야 했습니다. 짐승의 피로 죄를 덮는 제사가 반복되었지요. 그러나 예수님께서 오셔서 단번에 완전한 제사를 드리심으로, 그 모든 의식을 영원히 완성하셨습니다.

3. 말씀 이해 (8분)

제사 제도의 목적 - 죄의 대가가 반드시 '피'로 치러져야 함을 가르침.
예수님의 역할 - 대제사장으로서, 자신을 제물로 드려 완전한 속죄를 이루심.
복음의 결과 - 반복 제사에서 해방, "그분의 피가 충분합니다"라는 믿음으로 자유.

예수님의 피는 단순한 상징이 아니라 실제 능력입니다. 그분의 피는 시간과 공간을 넘어 지금도 우리의 양심을 깨끗하게 합니다.

우리가 "주님의 피가 충분합니다"라고 고백할 때, 그 믿음이 마음의 평안을 회복시킵니다.

4. 나눔 질문 (7분)

1) 나는 여전히 '내가 더 잘해야 하나님께 용서받는다'고 생각하나요? 아니면 '이미 그분의 피로 충분하다'고 믿고 있나요?

2) 죄책감이나 두려움이 올라올 때, 나는 어떻게 반응하나요?

3) "은혜의 보좌 앞으로 담대히 나아가라"는 말씀(히 4:16)을 실제 내 삶에서 어떻게 실천할 수 있을까요?

5. 적용

인도자 Tip:

죄책감을 숨기려 하지 말고, '그 피가 충분하다'는 믿음으로 나아오게 도와주세요.

'용서받았다는 사실'과 '지금도 중보하시는 주님'을 강조하세요.

6. 결론 & 정리 (3분)

예수님은 단 한 번의 제사로 모든 시대의 죄를 해결하신 대제사장입니다. 그분의 피로 우리는 의롭다 함을 받았어요. 이제는 반복된 두려움이 아닌, 완성된 은혜 안에서 사는 믿음이 필요합니다.

7. 마무리 기도 (2분)

"대제사장이신 주님, 예수님의 피가 제게 충분합니다. 제 죄책감과 두려움을 씻으시고, 은혜의 보좌 앞으로 담대히 나아가게 하소서. 지금도 중보하시는 주님의 사랑을 신뢰합니다. 예수님의 이름으로 기도드립니다. 아멘."

# 19.

## 선지자이신 예수님

### (길이요 진리요 생명이신 주님입니다)

지금까지 예수님이 그리스도로서 왕, 제사장으로 기름 부으심을 받은 자로 직분을 감당하신 것을 살펴보았고, 여기서는 그 마지막 선지자로서의 예수님에 관한 말씀입니다.

선지자는 잘 알다시피 하나님의 말씀을 받아서 백성들에게 선포하는 자입니다. 예수님은 말씀 그 자체이시기에 많은 말씀 중에 '길'에 대해 살펴보겠습니다. 예수님은 길을 가르치신 분이 아니라, 길 그 자체이십니다. 유일한 구원의 길을 붙드는 결단으로 오늘을 걸어가 볼까요?

"왜 꼭 예수님이어야 하죠?", "목사님, 세상엔 괜찮은 철학과 종교가 너무 많잖아요. 그럼에도 왜 오직 예수님뿐이라고 말하는 걸까요?" 이렇게 질문할 수 있습니다. 목회자는 미소로 답하실 것입니다. "그분은 방향을 설명하신 스승이 아니라, 스스로 길이 되신 분이거든요." 그 한 문장이 마음에 박혔다고 하더군요. 그날 이후 그는 말씀을 들을 때마다 '예수님이 길이요 진리요 생명'이라는 선언을 더 깊이 음미하기 시작했답니다.

참 선지자로서 하나님의 뜻을 직접 들려주신 예수님이십니다. 예수님은 위대한 사상가로만 머무신 분이 아닙니다. 그분은 하나님의 뜻을 직접 전하신 참 선지자셨습니다. 가르치심은 권위가 있었고, 말씀하실 때 사람들의 심령이 뜨거워졌지요. 이유가 뭘까요? 그분은 하늘 아버지의 마음을 그대로 우리에게 들려주셨기 때문입니다.

"내가 곧 길이요 진리요 생명이니 나로 말미암지 않고는 아버지께로 올 자가 없느니라"(요 14:6).

영어 성경은 "I am the way"라고 번역해요. 정관사 the는 유일무이함을 드러내죠. 곧, 하나님께 나아가는 통로는 수많은 선택지 중 하나가 아니라 오직 하나라는 뜻입니다. 세상은 다원성을 이야기하지만, 구원과 생명은 예수님 한 분 안에서 완성됩니다.

신앙은 넓힘보다 '붙듦', 유일한 길을 깊게 선택합니다. 또한 신앙은 지평을 끝없이 확장하는 탐사라기보다, 유일한 길을 더 단단히 붙드는 결단에 가깝습니다. 말씀을 들을 때마다 내 판단을 조정하고, 삶의 나침반을 그분의 음성에 맞추는 훈련이 필요합니다. 어쩌면 덜 화려해 보일지 몰라도, 이 길이야말로 흔들리지 않는 생명의 길입니다.

우리는 매일 수많은 길목 앞에 서게 됩니다. 그때마다 이렇게 고백해 보겠습니다. "주님, 제 발걸음을 당신의 진리에 맞추겠습니다." 작은 고백이지만, 방향을 확실히 바꿔 놓을 것입니다.

오직 한 길, 천국 가는 길은 예수님뿐입니다.

"모든 길은 산 정상에서 만난다"는 말이 있습니다. 멋진 문장 같지만, 구원에 관해선 사실이 아닙니다. 성경은 명확히 말씀합니다. 아버지께 가는 길은 오직 예수님뿐이라고. 인간의 선행, 윤리, 종교적 열심이 아무리 빛나 보여도 구원의 문은 열지 못합니다. 진리이신 주님만이 생명의 문을 열어 주십니다.

다른 길이 더 쉬워 보일 때가 있습니다. 하지만 쉬워 보이는 길이 생명의 길일까요? 우리의 기준을, 감각을, 감정을 말씀 앞에서 다시 맞춰야 합니다. 진리는 때때로 협착해 보이지만, 그 끝은 넓고 환한 생명입니다.

십자가를 지나 부활로 증명된, 그리스도 되심의 비밀입니다. 예수님은 그냥 '그리스도'로 불리신 게 아닙니다. 십자가의 낮아짐을 통과하시고, 부활의 승리로 증명되심으로 그리스도가 되셨어요. 십자가 없는 그리스도는 상상 속 우상에 불과하고, 부활 없는 구원은 힘을 잃은 약속일 겁니다. 하지만 주님은 실제로 죽으셨고, 실제로 다시 살아나셨습니다. 그러니 우리는 담대히 고백하죠. "그분은 그리스도이시며, 주님이시며, 나의 하나님이십니다."

십자가는 나의 죗값이 완전히 치러진 사건이고, 부활은 내 미래의 보증입니다. 이 복음을 움켜쥐는 순간, 무너졌던 심령에 다시 힘이 솟아납니다. 삶의 무게가 눌러올수록 우리는 더 굳게 붙들어야 합니다. 그분이 길이시고, 진리이시고, 생명이십니다.

오늘을 사는 우리에게 울리는 선지자의 음성이 들리시나요? 현실은 복잡하고, 마음은 자주 요동하지만 선지자이신 예수님은 오늘도 말씀으로 우리를 부르십니다. "두려워 말라." "나를 따르라." "네 마음을 무거움에서 들어올리라." 이 음성은 책 속 문장이 아니라, 지금 여기를 살아내는 힘이 됩니다.

낙심이 깊을 때, 아래와 같이 짧게 기도해 보면 어떨까요? "주님, 제 판단보다 주님의 진리를 선택하겠습니다. 오늘도 제 길을 이끄소서." 단순하지만, 마음의 방향이 서서히 바뀌게 될 것입니다. 신학적 핵심 정리도 필요합니다.

계시의 완성, 예수님은 메시지를 전하신 분이 아니라, 메시지 그 자체이십니다. 유일성, the way, 대체 가능한 경로가 아닌, 오직 하나의 구원의 길입니다. 십자가와 부활, 그리스도 되심은 고난과 영광을 통해 역사 가운데 확증되었습니다. 제자도, 믿음은 확장 탐색보다 붙드는 결단과 순종으로 증명됩니다.

나는 '모든 길이 결국 같다'는 말에 끌릴 때, 말씀으로 분별하나요?

결정의 순간, 주님의 길을 택하기 위해 무엇을 내려놓을 수 있을까요?

십자가와 부활을 '정보'가 아니라 '현재의 능력'으로 붙들고 있나요?

오늘도 말씀하시는 예수님을 따릅니다.

예수님은 선지자로서 하나님의 뜻을 밝히 드러내셨고, 길·진리·생명으로 우리 앞에 서 계십니다. 다른 길이 그럴듯해 보일 때도 있겠지만, 구원의 문은 오직 그분 안에서 열립니다. 그러니 오늘 결단합시다, 유일한 길을 더 깊이 붙드는 선택을 합시다.

"십자가에서 죽으시고 부활하신 그분이 그리스도이시며, 나의 주님이십니다."

예수님은 그리스도이십니다.

오늘도 나의 선지자요, 진리의 길이십니다.

## 교안

- 제목: 선지자이신 예수님
- 주제: 예수님은 하나님의 뜻을 직접 들려주신 참 선지자이시며, 구원의 유일한 길이 되신다.
- 본문: "내가 곧 길이요 진리요 생명이니 나로 말미암지 않고는 아버지께로 올 자가 없느니라"(요 14:6).
- 학습 목표: 예수님이 길·진리·생명으로서 하나님의 뜻을 계시하신 유일한 구원의 길이심을 깨닫고, 다른 선택지보다 그분을 깊이 붙들어 순종의 삶

을 결단하게 한다.

1. 아이스브레이크 (3분)

누군가 "모든 종교는 결국 같은 길 아닐까?"라고 말한다면, 어떻게 대답하시겠어요?

요즘 '길을 찾는다'는 표현을 자주 듣게 됩니다. 여러분이 지금 찾고 있는 '길'은 어떤 길인가요?

2. 본문 이해 (10분)

**1) 예수님은 참 선지자**

예수님은 단지 훌륭한 스승이 아니라, 하나님의 뜻을 직접 전하신 참 선지자셨습니다. 그분이 말씀하실 때마다 사람들의 마음이 뜨거워졌고, 말씀 속에서 아버지의 음성이 들렸습니다.

**2) 유일한 길, 진리, 생명**

영어 성경에서는 "I am the way"라고 하죠. 정관사 the는 오직 하나뿐임을 뜻합니다. 즉, 하나님께 가는 길은 여러 개가 아니라 오직 예수님 한 분뿐이라는 것입니다.

세상은 "다른 길도 괜찮다"고 말하지만, 성경은 단호히 선언합니다. "나로 말미암지 않고는 아버지께로 올 자가 없느니라."

### 3) 신앙은 탐색이 아니라 '붙듦'

신앙은 지식을 넓히는 것이 아니라, 유일한 길을 깊이 붙드는 결단입니다. 매일 말씀을 통해 내 생각과 기준을 조정하고, 삶의 방향을 예수님께 맞추는 훈련이 필요합니다.

"주님, 제 길을 당신의 진리에 맞추겠습니다." 작은 고백이지만 인생의 방향을 바꿉니다.

## 3. 나눔 질문 (10분)

'모든 길이 결국 하나님께 간다'는 생각이 왜 위험할까요?

예수님이 '길이요 진리요 생명'이심을 믿는다면, 오늘 내 삶에서 달라져야 할 부분은 무엇일까요?

십자가와 부활은 단순한 이야기인가요, 아니면 내 삶의 현실인가요?

## 4. 적용 (5분)

오늘 결단 - "다른 길이 아니라, 오직 예수님의 길을 따르겠습니다"라고 고백해 보세요.

생활 적용 - 하루 중 3분이라도 말씀을 묵상하며, "주님, 제 길을 이끄소서"라고 기도해요.

실천 루틴 - 아침엔 감사, 낮엔 순종, 밤엔 고백, “예수님은 제 길이십니다.”

5. 마무리 묵상과 기도

살다 보면 길이 막힌 듯할 때가 있습니다. 그러나 예수님이 바로 길이시기에, 우리는 여전히 걸을 수 있습니다. 오늘도 그분은 말씀으로 우리에게 속삭이십니다. “두려워하지 말라. 내가 세상을 이기었노라.”

“주님, 제가 다른 길을 바라보지 않게 해주세요. 유일한 길, 예수님만 붙들겠습니다. 그 길 위에서 진리와 생명으로 살게 하소서. 예수님의 이름으로 기도드립니다. 아멘.”

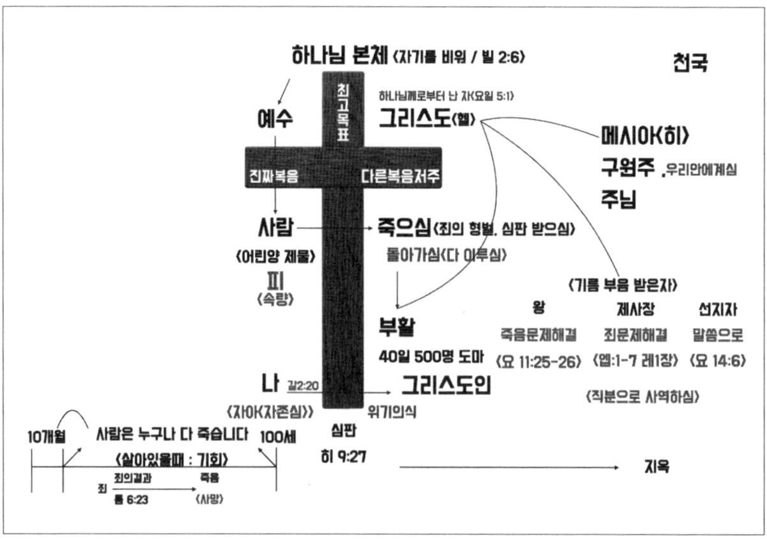

# 20.

## 부활하신 주님, 믿는 자 안에 거하시나요?

### (내 안에 사심, 내 마음의 그리스도의 집)

부활하신 예수님은 먼 옛날이야기의 주인공으로만 남지 않으셨습니다. 지금 여기, 믿는 자의 심장 한가운데 그리스도의 영으로 거하고 계십니다. 이 고백이 실제가 되면 삶의 결이 달라집니다. “믿음으로 말미암아 그리스도께서 너희 마음에 계시게 하시옵고”(엡 3:17). 짧지만 결정적인 선언입니다. 내 마음이 곧 그리스도의 집이 된다는 약속이지요.

그런데 이 사실을 머릿속으로만 알면 허공을 붙잡는 느낌이 듭니다. 그래서 성령님께서 깨닫게 하셔야 진짜라고 말합니다. 지식은 방향을 가리키지만, 성령의 조명은 문을 실제로 열어 주십니다. 마음이 열리면 예수님이 ‘개념’이 아니라 ‘인격’으로 다가오고, 그때부터 주님의 임재가 일상 깊숙이 스며듭니다.

성경은 회개할 때 성령이 임하신다고 분명히 말씀합니다. 베드로가 성령 충만으로 외쳤습니다. "이스라엘 온 집은 확실히 알아야 합니다. 너희가 십자가에 못 박은 예수님을 하나님이 주와 그리스도가 되게 하셨습니다." 그 설교를 듣던 무리의 마음이 푹 찔렸고, "우리가 어찌할꼬?"라고 울먹이며 묻습니다. 베드로의 대답은 간단하면서도 예리했지요. "회개하라. 죄 사함을 받으라. 그리하면 성령을 선물로 받을 것이다"(행 2:36~38).

여기서 말하는 회개는 "I'm sorry" 정도의 예의 바른 표현이 아닙니다. 한 번쯤은 내 죄가 예수님을 십자가에 못 박았다는 사실 앞에서 가슴이 무너져 내려야 합니다. 말 그대로 대성통곡이 터질 만큼 애통해지는 순간이 필요한 것이지요. 그 애통과 눈물이 성령께서 오시는 문을 활짝 열어 주고, 그때 믿음이 억지 훈련이 아니라 선물처럼 심겨집니다.

그래서 말씀이 추상에서 현실로 바뀝니다. 그가 찔림은 나의 허물 때문이고, 그가 상함은 나의 죄악 때문입니다(사 53:5). '우리'가 아니라 '나'로 들리기 시작하는 것입니다. 그 순간 눈물은 회개의 증표가 되고, 회개는 삶의 방향을 예수께로 돌려놓습니다. 죄의 길에서 등을 돌려 그분의 길로 발걸음을 옮기게 되는 것입니다.

방향이 바뀌면 마음 안에 작은 공사가 시작됩니다. 굳게 닫힌 방에 창문이 하나둘 열리고, 오랜 먼지가 흔들리며 빛이 들어옵니다.

그리스도의 집으로 개조되는 과정입니다. 성령님은 우리 안의 낡은 습관과 상처를 하나씩 치워 내시고, 평강과 기쁨과 소망을 가구처럼 들여놓으시지요. 그러면 이전의 두려움이 자리를 잃고, 부활의 숨결이 방마다 퍼지기 시작합니다.

그 이후의 삶은 어제와 다르게 흘러갑니다. 같은 골목을 걸어도 발걸음이 가벼워지고, 같은 문제를 만나도 해석이 달라지죠. 과거엔 두려움이 먼저 올라왔는데, 이제는 '주님이 내 안에 계신다'는 확신이 먼저 떠오릅니다. 실수해도 끝장이 아니고, 넘어져도 다시 일어설 근거가 분명해집니다. 왜냐하면 부활하신 주님이 오늘도 내 안에서 일하고 계시기 때문입니다.

혹시 마음이 공허하고, 기도가 막히고, 믿음이 흐릿해졌나요? 그럴수록 십자가와 부활로 돌아가 보자고요. "주님, 제 죄 때문에 십자가에 달리셨군요. 용서해 주세요." 이렇게 솔직히 고백해 보면 어떨까요? 그 고백 뒤에 성령의 위로와 확신이 밀려올 거예요. 그리고 성령님께서 조용히 속삭여주실 겁니다. "두려워하지 마라, 내가 너와 함께하마."

"부활하신 예수님이 내 안에 거하십니다. 오늘도 살아 역사하십니다."

## 교안

- 제목: 부활하신 주님, 믿는 자 안에 거하시나요?
- 주제: 부활하신 예수님은 성령으로 믿는 자의 마음에 실제로 거하시며, 회개를 통해 성령으로 인격적 임재로 삶을 변화시키신다.
- 본문: 엡 3:17/ 행 2:36~38/ 사 53:5
- 학습 목표: 부활하신 주님이 성령으로 우리 안에 거하심을 믿고, 회개와 믿음으로 그 임재를 경험한다.

1. 아이스브레이크 (3분)

질문: "집 안의 낡은 공간을 새로 고쳤거나 정리했을 때 어떤 기분이 들었나요?"

마음이 그리스도의 집으로 새롭게 바뀌는 과정을 연결.

2. 말씀 나눔 (12분)

**1) 그리스도의 집이 되는 약속** (엡 3:17)

"믿음으로 말미암아 그리스도께서 너희 마음에 계시게 하시옵고."

부활하신 주님은 멀리 계신 분이 아니라, 믿는 자의 심장 속에 거하신다.

**2) 회개와 성령 임재** (행 2:36~38)

베드로의 설교: "너희가 십자가에 못 박은 예수를 하나님이 주와 그리스도가 되게 하셨다."

무리의 반응: 마음이 찔려 "우리가 어찌할꼬?"(다른 무리가 아니라 내가, 나의 허물과 죄가 예수님을 십자가에 못 박히게 하였음을 깨닫게 함)

회개하라, 죄 사함을 받으라.

진정으로 회개할 때 성령을 선물로 받는다.

**3) 회개의 깊이**

단순한 "I'm sorry"가 아니라, 내 죄가 예수님을 십자가에 못 박았음을 깨닫는 애통이 있어야 한다.

눈물이 성령께서 오시는 문을 연다.

"그가 찔림은 나의 허물 때문"이다(사 53:5). '우리'가 아닌 '나'로 들리기 시작하는 순간이다.

**4) 성령께서 이루시는 변화**

마음이 그리스도의 집으로 개조됨.

(성령님을 인정하고 모실 때 믿어지게 하심)

낡은 습관과 상처는 치워지고, 평강·기쁨·소망이 채워짐.

삶의 시각이 달라짐: 두려움 대신 '주님이 내 안에 계신다'는 확신

3. 나눔 질문 (10분)

1) “그리스도께서 너희 마음에 계신다”라는 약속이 내게는 어떤 의미로 다가오나요?

2) 회개가 단순한 사과가 아니라 삶의 방향을 돌리는 것이라는 말에 동의하시나요? 경험이 있다면 나눠 주세요.

3) 성령님이 내 마음을 새롭게 꾸미시는 과정에서 내가 지금 맡겨야 할 영역은 무엇인가요?

4. 적용 & 결단 (3분)

개인 적용: 오늘 기도에서 “주님, 제 죄 때문에 십자가에 달리셨군요. 용서해 주세요”라고 회개하며, 성령의 임재를 구하기.

작은 실천: 이번 주 동안 집 안의 작은 공간을 정리하며 “내 마음도 주님이 거하실 집”이라고 고백하기.

5. 기도 (2분)

“주님, 부활하신 예수님이 제 안에 거하심을 믿습니다. 회개와 믿음으로 마음을 열어 그리스도의 집 되게 해 주시니 감사합니다. 예수님 이름으로 기도합니다. 아멘.”

# 21.

## 가르쳐 주시고 깨닫게 하시는 성령님

### (우리와 영원히 함께하시는 보혜사)

성령님은 삼위일체 중 한 분으로 우리와 영원히 함께하시는 위로자이십니다. 명칭과 뜻은 보혜사, 파라클레토스, 카운셀러, 헬퍼, 성도를 도와주시는 분이고, 말씀을 깨닫게 하십니다.

"내가 아버지께 구하겠으니 그가 또 다른 보혜사를 너희에게 주사…영원토록 너희와 함께 있게 하리니"(요 14:16)라는 약속이 지금도 살아 숨 쉬고 있습니다. 예수님은 우리를 고아처럼 버려두지 않으셨습니다. 정말 그렇습니다. 보혜사 성령님이 우리 안에 거하시며 능력으로 도우시거든요. 막막한 순간에도 '혼자가 아니다'라는 사실이 마음에 새겨집니다.

성령님은 우리를 거듭나게 하시는데, 성령이 주시는 새 생명입니다. 사람은 지식만으로 예수님을 그리스도라 고백하기 어렵습니다.

그런데 성령님이 임하시면 마음의 눈이 밝아지고, '예수님이 주님'이라는 사실이 믿어지기 시작합니다. 니고데모에게 하신 말씀처럼 거듭나야 하나님 나라를 볼 수 있지요. 성령은 생명의 영으로 오셔서 죽었던 영혼을 살리십니다. 거듭남은 성격 개선 정도가 아니라 새 창조입니다, 새 출발이에요. 성령이 내주하시면 주님의 뜻을 알고 또한 행할 수 있게 됩니다. 참 감사하지요? "회개하고…성령의 선물을 받으라." 구원의 문턱에서 성령은 선물처럼 임하십니다(행 2:38). 진정으로 회개할 때 성령님이 임하셔서 죽었던 영혼을 살리고 믿어지게 하십니다.

그리고 관계 면으로 볼 때 성령 충만은 우리를 하나로 묶어 줍니다. 성령님은 개인을 변화시키는 데서 멈추지 않고, 서로 다른 성도들을 연합으로 이끄시고 흩어졌던 마음을 모아 하나 됨을 이루게 하십니다. 그래서 성령 충만한 사람은 자기중심적 고집보다 화해와 사랑을 선택하게 됩니다. 다윗은 이렇게 기도했습니다. "주의 성령을 내게서 거두지 마소서"(시 51:11). 성령이 떠난 공동체는 활력을 잃은 모임이 되고 맙니다. 교회가 교회다워지려면 성령의 임재가 반드시 필요합니다, 진짜로요.

또한 말씀을 열어 주시는 분이 성령님입니다.

성경은 생명의 책으로, 이성만으로는 깊이가 잘 보이지 않을 때가 있는데, 성령의 조명이 임하면 글자가 소리로, 정보가 음성으로 바뀌듯 마음에 파고듭니다. 그러면 '아, 주님이 지금 이 말씀으로 나를 부르시는구나' 하고 깨닫게 되죠.

"그리스도의 영이 없으면 그리스도의 사람이 아니라"(롬 8:9). 정체성의 기준이 분명합니다.

성령님은 연약함 가운데 말할 수 없는 탄식으로 우리를 도우십니다(롬 8:26). 기도문이 막힐 때도 괜찮습니다, 성령께서 중보하시니까요.

성품에 있어서는 예수님의 향기가 우리 안에 자라납니다.

성령의 열매는 윤리 지침표가 아니라 예수님의 성품이 우리 안에서 재현되는 과정입니다. 육신을 따라 살면 죽을 것이라 경고하지만, 동시에 성령으로 몸의 행실을 죽이면 살리라고 약속합니다. 그래서 성령 충만한 사람은 함부로 말하지 않게 됩니다. 말이 부드러워지고, 판단이 신중해지며, 사랑이 실천으로 이어집니다. 이것이 거룩의 실제입니다. 삶에서 드러나는 거룩입니다.

그러므로 믿음의 시간성은 과거·현재·미래를 잇는 성령의 역사입니다.

과거: 예수님의 십자가와 부활을 믿음으로 붙잡습니다. 역사적 사실이 내 구원의 씨앗이 되는 것입니다.

현재: 성령 안에서 그 사실을 경험합니다. 오늘의 위로와 인도, 지금의 능력이에요.

미래: 영원한 소망을 바라보게 하시죠. 성령은 우리에게 보증이

되시며, 끝까지 인도하십니다.

결국 성령님은 시간을 관통해 믿음의 궤적을 잇게 하십니다. 어제의 은혜와 오늘의 순종, 내일의 소망이 한 줄로 이어지는 느낌이랄까요?

그리고 성령님은 죄와 의와 세상을 심판하는 영이요, 양심을 깨우시는 성령입니다(요 16:8~9).

성령은 세상의 죄를 드러내고, 그리스도 안에서 의가 무엇인지 보여주시며, 심판이 이미 임했음을 알게 하십니다. 그래서 회개는 두려움의 낙인이 아니라 은혜의 초대가 됩니다. 그렇지요?

또한 성령은 받아야 할 선물입니다(행 2:38). 베드로의 선포처럼 회개하고 예수의 이름으로 세례를 받을 때 성령의 선물을 받습니다. 믿음은 들음에서 나고, 들음은 그리스도의 말씀으로 말미암거든요. 그리고 그 말씀을 살아 있게 하시는 분이 바로 성령이세요.

오늘의 적용으로써, 이렇게 기도하고 실천해 보면 어떨까요? “주 성령님, 제 안에 충만히 임재하소서.” 짧지만 힘 있는 기도입니다.

시작해 보시죠. 성경을 펼치기 전 1분만 묵상하세요. “지금 제게 하실 말씀을 들려주세요.”

마음에 걸리는 관계 한 사람을 위해 축복 기도를 드려보세요. 작지만 큰 변화가 열릴 거예요.

오늘 단 한 문장, 함부로 내뱉고 싶은 말을 성령께 맡기고 멈춰보세요. 거룩은 이렇게 자랍니다.

지금, 성령 충만을 구하는 짧은 기도를 드릴까요?

"주님, 저를 위로하시고 일으키시는 분이시여, 제 안에 충만히 거하소서. 죄를 보게 하시고, 의를 사랑하게 하시며, 심판의 두려움보다 은혜의 담대함으로 살게 하옵소서. 말씀을 열어 주셔서 알게 하시고, 알게 하신 대로 행하게 도우소서. 예수님의 성품을 닮아 말과 행동이 부드럽고 진실하게 하옵소서. 교회를 하나 되게 하시는 역사에 저도 쓰임 받게 하옵소서. 예수 그리스도의 이름으로 기도합니다. 아멘."

## 교안

- 제목: 성령님(우리와 영원히 함께하시는 위로자)

  명칭과 뜻: 보혜사, 파라클레토스, 카운셀러, 헬퍼, 성도를 도와주시는 분
- 주제: 성령님, 우리와 영원히 함께하시는 위로자(The Holy Spirit: Our Eternal Comforter)
- 본문: 요 14:16~19
- 학습 목표: 성령님이 삼위일체 하나님으로서 믿는 자 안에 내주하시며 거듭남·말씀 깨달음·연합·성품의 변화까지 이루시는 분임을 깨닫고, 날마다 성령 충만을 구하며 순종의 삶을 살게 한다.
- 핵심 말씀: "내가 아버지께 구하겠으니 그가 또 다른 보혜사를 너희에게 주사 영원토록 너희와 함께 있게 하리니 그는 진리의 영이라 세상은 능히 그를 받지 못하나니 이는 그를 보지도 못하고 알지도 못함이라 그러

나 너희는 그를 아나니 그는 너희와 함께 거하심이요 또 너희 속에 계시겠음이라"(요 14:16~17).

위의 핵심 말씀을 쉽게 말하자면 이렇습니다.(예수님께서 친근하게 우리에게 말씀하시는 것으로)

"내가 아빠(하나님)께 부탁할게. 너희에게 또 다른 돕는 분(보혜사)을 보내주실 거야. 그분은 영원히 너희와 함께 계실 거야."

I. 도입: 혼자가 아니라는 증거 (5분)

공감 질문: 게임에서 보스를 못 깨거나, 시험 때문에 완전 멘붕일 때, 또는 왕따 문제로 힘들 때...'아, 나 진짜 혼자구나' 하고 느낀 적이 있나요?

예수님의 약속: 예수님은 우리에게 말씀하셨습니다. "난 너희를 고아처럼 버려두지 않아." 그리고 성령님이라는 '영원한 슈퍼 코치'를 보내주셨지요.

성령님은 누구신가요? 성령님은 눈에 보이지 않지만, 우리 안에 계시면서 우리가 예수님처럼 살도록 돕는 분이시고, 진짜 든든한 비밀병기이십니다.

## II. 본론: 성령님의 다섯 가지 슈퍼 능력 (20분)

### 1) 거듭나게 하십니다.

성경적 의미: 성령님은 생명의 영으로 오셔서 죽었던 영혼을 살리시고 거듭나게 하십니다(요 3장, 니고데모 이야기).

핵심: 거듭남은 단순히 성격 개선이 아니라, "예수님이 주님이시다"라고 고백하게 만드는 새 창조입니다. 성령이 없이는 하나님 나라를 볼 수 없습니다.

능력: 성령이 내주하시면 우리는 주님의 뜻을 알고 행할 수 있는 능력을 얻습니다(행 2:38).

조금 쉽게 말하자면, 우리를 리셋(Reset)해 주십니다!
사람들은 착해지려고 노력하지만, 우리의 영혼은 죽어 있는 상태와 같지요. 아무리 노력해도 하나님 나라를 볼 수 없습니다.

성령님은 생명의 영입니다. 우리 영혼을 완전히 리셋(Reset)하고, 새 생명을 주셔서 '예수님이 나의 구원자구나!' 하고 진짜 믿게 해주십니다.
성령님이 계시면, 착하게 '행동'하는 걸 넘어, 주님의 뜻을 알고 그걸 실제로 할 수 있는 힘이 생겨요!

**2) 흩어진 우리를 하나로 묶어주십니다.**

문제: 우리는 각자 자기 생각만 해서, "내 말이 맞지!" 하고 고집부리고 싸우기 쉽지요.

성령님의 능력: 성령님은 우리 모두를 하나로 묶어주는 강력한 접착제 같아요. 성령 충만하면 내 고집보다 친구와의 화해, 공동체의 사랑을 선택하게 됩니다.

결과: 교회나 모임이 시들해지지 않고 활력이 넘치게 되고, 성령님이 떠나면 우리 모임은 그냥 시끄러운 교실처럼 되는 것입니다.

**3) 성경을 깨닫게 하시고, 열어주고, 기도를 도와주십니다.**

성경을 열어주세요: 성경을 읽다 보면 잠이 오고 무슨 말인지 모를 때가 있지요? 성령님이 오시면 그 글자들이 하나님의 음성처럼 생생하게 들리고 깨달아집니다.

기도를 도와주세요: 힘들어서 기도가 막힐 때, "하나님, 저 뭘 해야 할까요…"라고 할 때도 "걱정 마" 하시며 성령님이 우리 마음의 탄식까지 다 담아서 하나님께 대신 기도해 주십니다(롬 8:26).

정체성 확인: 성령님이 없으면 우리는 그리스도인이 아닙니다(롬 8:9).

**4) 성품 능력: 예수님 향기를 뿜뿜하게 하십니다.**

열매: 성령의 열매(사랑, 희락, 화평 등)는 지켜야 할 규칙이 아니라, 우리 안에서 예수님의 성품이 자연스럽게 나오는 것입니다.

거룩 훈련: 성령님은 우리가 나쁜 습관이나 육체의 유혹을 물리칠 수 있도록 도와주십니다(롬 8:13).

변화: 성령님과 함께하면 함부로 말하지 않게 됩니다. 말이 부드러워지고, 친구를 판단하지 않고 사랑을 실천하게 되지요. 이게 진짜 멋있는 '거룩'입니다.

**5) 시간 연결 능력: 과거·현재·미래를 이어주십니다.**

성령님은 시간 여행 가이드 같아요.

과거: 예수님이 십자가에서 하신 일이 우리의 구원이라는 것을 확실히 믿게 해주십니다.

현재: 지금 이 순간, 우리에게 위로와 인도와 힘을 주십니다.

미래: 성령님은 우리가 천국에 갈 '보증수표'입니다! 끝까지 우리를 지켜서 하나님 나라로 인도하실 것입니다. "이제 그만 돌아와요! 예수님께 가면 용서받을 수 있어요!"라고 은혜의 초청을 보내는 것입니다.

가장 큰 선물: 회개하고 예수님을 믿을 때, 우리는 성령님이라는 최고의 선물을 받는 것입니다(행 2:38).

오늘의 실천! 성령님께 문을 여는 네 가지 방법

고백: 지금 바로 "성령님, 제 안에 충만히 오세요!"라고 짧게 기도해 봅시다. (지금 바로 시작!)

경청: 성경을 읽기 전 1분만 조용히 "성령님, 오늘 저에게 하실 말씀을 들려주세요"라고 마음을 열어보세요.

화해: 마음에 걸리는 친구 딱 한 명을 위해 축복 기도를 드려보세요. 작은 행동이 큰 변화를 만들 것입니다.

입 조심: 오늘 하루 동안 내가 욱해서 내뱉고 싶은 말이 있다면, 성령님께 맡기고 3초만 멈춰보세요. 이 작은 절제가 당신을 멋진 거룩으로 이끌 것입니다.

성령님은 예수님의 향기를 재현하시는 거룩의 영입니다. 성령의 열매는 윤리 지침이 아니라, 우리 안에서 예수님의 성품이 재현되는 과정입니다.

거룩의 실제: 성령으로 몸의 행실을 죽일 때 우리는 삽니다. 거룩은 교회 건물 안이 아닌, 삶에서 드러나는 말과 행동의 부드러움, 신

중한 판단, 실천하는 사랑입니다(롬 8:13).

### III. 결론 및 적용 (10분)

성령의 초청: 죄, 의, 심판에 대한 깨우치심.

성령님은 우리의 양심을 깨워 죄를 드러내고, 그리스도 안에 있는 의를 보여주며, 심판이 이미 임했음을 알게 하십니다(요 16:8~9).

회개는 두려움의 낙인이 아니라, 은혜의 담대함으로 나아가게 하는 초대의 문입니다.

오늘의 실천: 성령 충만을 구하는 매일 아침마다 "주 성령님, 제 안에 충만히 임재하소서"라고 짧고 힘 있는 기도를 드립니다.

# 22.

## 십자가는 하나님의 능력임을 깨닫게 하심

### (내 죄를 대신하여 죽어주신 사랑)

예전에는 십자가가 사형틀이었습니다. 사람들에게는 수치의 표식이었지요. 하지만 지금 우리에게 십자가는 더 이상 우상이 아니고 하나님의 구원 계획이 드러난 사랑의 표징입니다. 예수님께서 우리 죄를 친히 담당하셨고 피를 흘리셔서 죄 사함과 구원을 열어 주셨습니다. 그 은혜를 깊이 깨닫고 붙드는 일이 오늘 우리에게 정말 중요합니다.

핵심은 십자가는 고통의 장치가 아니라 구원의 문이며, 단순한 상징이 아니라 하나님의 능력을 드러내는 사건이라는 것입니다. 하나님의 능력으로 보일 것입니다. "십자가의 도가 멸망하는 자들에게는 미련한 것이요 구원을 받는 우리에게는 하나님의 능력이라"(고전 1:18). 세상 지혜로는 십자가가 어리석어 보일 수 있어요. 그러나 믿는 우리에게는 구원의 능력으로 체험됩니다.

사람의 이론·철학·사상만으로는 진리를 끝내 파악할 수 없습니다. 하나님의 지혜가 임할 때 십자가의 비밀이 열립니다. 그러므로 예수와 그 십자가만 붙잡읍시다. "내가 너희 중에서 예수 그리스도와 그가 십자가에 못 박히신 것 외에는 아무것도 알지 아니하기로 작정하였음이라"(고전 2:2).

사도 바울은 결심했습니다. 다른 자랑거리를 내려놓고, 십자가에 못 박히신 예수만을 전하겠다고 말이죠. 오늘 우리도 비슷해요. 수많은 정보와 주장이 넘치지만, 구원은 예수 그리스도 안에서만 분명해집니다.

십자가 사랑의 실제는 나를 위한 피, 나를 위한 구원입니다. 십자가 사랑은 추상적 감상이 아닙니다. 내 죄를 위한 대속이며, 피로 이루신 속량이고, 결국 하나님의 자녀로 다시 서게 하는 신분 회복입니다.

그렇지만 때로는 우리의 마음이 식을 때가 있습니다. 에베소 교회는 처음 사랑을 버렸다는 책망을 듣습니다(계 2:4~5). 주님은 말씀하십니다. "네가 어디서 떨어졌는지를 생각하고 회개하여 처음 행위를 가지라."

우리도 발걸음을 멈추고, 떨어진 자리부터 다시 점검해야 합니다.

그래야 처음 사랑이 되살아날 것입니다.

### 점검 체크리스트

1) 최근 내 기도는 은혜에 기대고 있었나요?

2) 말씀 앞에서 마음이 겸손했나요?

3) 십자가보다 내 자랑이 앞서지 않았나요?

4) 회개를 미루고 있지는 않았나요?

오늘의 결단 — "십자가 외에는 자랑할 것이 없나니." 우리가 붙잡을 자랑은 단 하나입니다. 예수 그리스도의 십자가뿐입니다. 그 사랑을 매일 기억하며, 삶의 현장에서 감사·회개·순종으로 응답해 봅시다. 작은 선택이지만, 그 누적이 인생의 방향을 바꾸곤 합니다. 오늘도 가정에서, 일터에서, 교회에서 십자가의 향기를 풍기는 사람이 되면 어떨까요?

혹시 마음이 무겁다면 이렇게 기도해 보세요. "주님, 제가 어디서 떨어졌는지 보게 하시고, 처음 사랑을 회복하게 인도해 주세요. 예수님의 피로 죄 사함을 확신하게 하시고, 복음의 능력 안에 담대히 서게 해주옵소서. 아멘."

## 교안

- 제목: 십자가 사랑: 내 죄를 대신하신 은혜
- 주제: 십자가는 수치의 상징이 아니라 오늘도 나를 살리는 하나님의 능력이다.
- 본문: 고전 2:2
- 학습 목표: 십자가가 단순한 사형틀이 아니라 구원의 표징임을 이해한다.
  예수님의 십자가 사랑이 개인적인 은혜임을 붙잡는다.
  삶 속에서 십자가를 자랑하며 살아가는 결단을 내린다.

1. 아이스브레이크 (3분)

질문으로 시작: "여러분에게 십자가 하면 가장 먼저 떠오르는 이미지는 무엇인가요?"

(예: 교회 지붕 위, 목걸이, 영화 속 장면, 혹은 고난의 상징 등)

짧게 나눈 뒤, 오늘은 그 십자가가 단순한 '모양'이 아니라 사랑과 구원의 능력이라는 주제로 함께 배우겠다고 소개합니다.

2. 말씀 나눔 (12분)

1) 십자가의 의미 전환

과거: 십자가 = 사형틀, 수치의 상징

지금: 십자가 = 구원의 문, 사랑의 표징

예수님은 우리의 죄를 친히 담당하시고, 피 흘리셔서 죄 사함과 구원을 열어 주셨음.

핵심: 십자가는 고통의 장치가 아니라 하나님의 능력이 드러난 사건이다.

### 2) 성경 말씀

"십자가의 도가 멸망하는 자들에게는 미련한 것이요 구원을 받는 우리에게는 하나님의 능력이라"(고전 1:18).

→ 세상 지혜로는 어리석어 보이지만, 믿는 자에겐 구원의 능력으로 체험됨.

"내가 너희 중에서 예수 그리스도와 그가 십자가에 못 박히신 것 외에는 아무것도 알지 아니하기로 작정하였음이라"(고전 2:2).

→ 사도 바울: 오직 십자가만을 자랑. 오늘 우리도 다른 것을 내려놓고 예수만 붙잡아야 함.

### 3) 십자가 사랑은 실제

추상적 개념이 아니고, 내 죄를 위한 대속, 피로 이루신 속량, 하나님의 자녀로 다시 서게 하는 신분 회복입니다.

처음 사랑을 잃은 에베소 교회처럼 우리도 점검해야 하지 않을까요?

3. 나눔 질문 (10분)

1) 여러분은 십자가를 처음 믿게 되었을 때 어떤 감정이나 은혜를 경험했나요?

2) 요즘 내 삶에서 '십자가 사랑'이 희미해지진 않았나요? 그렇다면 어떤 부분인가요?

3) 오늘 말씀 중 가장 마음에 와닿은 부분은 무엇이고, 이유는 무엇인가요?

4) 이번 주에 십자가 사랑을 '실제로' 드러낼 수 있는 작은 실천은 무엇일까요?

(예: 용서하기, 감사 표현하기, 회개하기, 복음 전하기 등)

4. 적용 & 결단 (5분)

**결단 말씀:**

"십자가 외에 결코 자랑할 것이 없으니"(갈 6:14 참고).

**적용 도전:**

하루 한 번 '십자가 감사 기도' 드리기.

일상에서 십자가 사랑을 보여줄 수 있는 한 가지 행동 정하기.

5. 기도

“주님, 제가 어디서 떨어졌는지 보게 하시고, 처음 사랑을 회복하게 인도해 주세요. 예수님의 피로 죄 사함을 확신하게 하시고, 복음의 능력 안에 담대히 서게 하옵소서. 아멘.”

♤ 시

### 십자가 사랑

깊은 밤, 숨죽인 방 안에서
홀로 앉아 있던 내 마음이 속삭였네.
“사람의 눈은 피해도, 주님의 눈은 피하지 못한다”
그 순간, 무너져 내린 자존심 위에
눈물이 강처럼 흐르고 있었네.

세상은 사랑을 말하지만
금세 시들고 바래는 그림자뿐,
조건 달린 약속, 순간의 열정
결국은 허무를 남기고 떠나가 버리네.

그러나 십자가 위에서

흘러내린 그 붉은 피는
시간을 넘어선 영원한 언약이 되었네.
내 죄를 대신한 그 고통 속에서
나는 비로소 참사랑을 만났네.

십자가는 수치의 나무가 아니었네.
그곳은 내 영혼의 문이 열리던 자리
죽음이 꺾이고, 소망이 솟구치던 언덕
하나님 최고 사랑이
눈물로 새겨진 그 이름, 예수였네.

그리고 고백이 터져 나오네.
"예수님은 그리스도이십니다."
이 고백이 나의 삶이 되고
내 믿음의 뿌리가 되었네.

오늘도 나는 묻는다.
"주님, 어떻게 이 사랑을 갚을까요?"
주님은 대답하신다.
"갚을 수 없는 사랑은
그저 흘려보내는 거란다."

그래서 나는 결심했네.

예배로, 기도로, 작은 친절로,
그리고 복음의 고백으로
십자가 사랑을 이어가리라.

눈물이 기도로 바뀌고
슬픔이 찬송으로 변하는 이 자리,
내가 깨달은 진실은 단 하나 —
하나님 최고 사랑은
십자가 사랑이다.

# 23.

## 성화의 과정이 필요합니다

### (나는 죽고 예수로 사는 삶)

예수님을 오래 믿었는데도 여전히 성격이 변하지도 않고, 감정의 기복이 있고, 믿음이 옛날이나 지금이나 거기서 거기인 것은 왜 그럴까요? 처음 예수님을 믿고 감사와 감격이 넘쳐났는데 왜 시간이 지날수록 열정이 식고 감사가 줄어들까요? 고심 중에 깨닫게 된 것이 나의 자아, 고집 때문임을 알고는 다시 십자가를 붙잡습니다.

"내가 그리스도와 함께 십자가에 못 박혔나니…"(갈 2:20). 이 구절은 신앙인의 삶을 요약한 고백입니다. 단순히 한 번 외치고 끝나는 말이 아니라, 오늘도 반복해서 적용해야 하는 현실의 진리입니다. 예수님께서 십자가에서 죽으실 때 나도 함께 못 박혔다는 사실, 그 말은 곧 나의 고집과 자아, 옛 성품을 날마다 십자가에 못 박아야 한다는 뜻이지요. 그때야 비로소 참된 자유가 시작되는 것입니다.

사도 바울은 "이제는 내가 사는 것이 아니요 오직 그리스도께서 내 안에 사신다"라고 고백했습니다. 이 고백은 단순한 선언이 아니라 매일의 선택입니다. 우리의 옛사람은 쉽게 죽지 않고, 매일 다시 살아나려 하지요. 그래서 우리는 매일 십자가 앞에서 "오늘도 내 자아를 못 박습니다"라고 말해야 하는 것이죠. 그렇게 해야 그리스도께서 내 안에 사시는 삶으로 더 가까워지는 것입니다.

성경은 "믿음의 결국은 영혼의 구원이라"고 하는데(벧전 1:9), 여기서 영혼은 영어성경에 보면 혼으로 되어 있어요. 혼(soul)은 마음의 의지로 구성되어 있는데, 잘 안 바뀌는 영역입니다. 머리로 알지만 마음이 따라주지 않을 때가 많죠. 그렇기 때문에 날마다 십자가 앞에 나의 생각과 감정을 내려놓고, 말씀으로 마음을 새롭게 해야 해요. 그 과정을 통해 우리의 혼이 조금씩 주님의 형상으로 빚어지고 성화의 길을 걷게 되는 것입니다.

"영으로서 몸의 행실을 죽이면 살리니"(롬 8:13). 육신의 욕심과 본능을 그대로 두면 죄로 끌려가지만, 성령님의 도우심으로 그것을 죽이면 참된 생명을 누리게 됩니다. 이 과정은 쉽지 않아서 때로는 아프고 고통스럽기도 합니다. 그러나 그 끝은 기쁨이고, 그 길은 자유로 이어집니다. 그래서 바울은 이 길을 선택하라고 우리에게 권면한 것입니다.

"두렵고 떨림으로 너희 구원을 이루라"(빌 2:12)라고 말씀합니다. 이 말은 구원을 새로 만들어내라는 것이 아니고, 이미 받은 구원을 삶으로 드러내라는 의미입니다. 경외심으로 하나님 앞에 서서 매일 그 구원을 확인하고, 실천으로 나타내라는 초대인 거죠. 구원은 과거의 사건으로 끝나는 것이 아니고, 현재도 진행되는 삶의 과정이라는 것입니다.

이 길은 분명 쉬운 길은 아닙니다. 나를 부인하고 옛 성품을 십자가에 못 박는 일은 결코 가볍지 않습니다. 하지만 이 길은 가장 복된 길입니다. 십자가를 지고 주님을 따를 때 우리는 진짜 제자가 되고, 세상은 우리를 통해 살아 계신 그리스도를 보게 되는 것입니다. 우리의 인생이 복음의 편지가 되고, 그리스도의 향기가 되어 주변에 전해집니다.

혹시 지금도 '왜 나는 여전히 변하지 않을까?' 하는 마음 때문에 답답하신가요? 그럴수록 다시 십자가 앞으로 나아가야 합니다. "주님, 제 자아를 다시 십자가에 못 박습니다. 오늘도 제 안에 사시는 주님을 믿습니다." 이렇게 진심으로 고백해 보세요. 그 순간 성령님이 내 마음에 새 힘을 부어 주시고, 다시 시작할 용기를 주실 것입니다.

우리는 느리게 변하지만 하나님은 결코 포기하지 않으십니다. 날마다 자아가 죽고 그리스도의 생명이 자라날 때, 사람들은 우리 안에서 예수님을 보게 됩니다. 이것이 바로 성화의 과정이고, 두렵고 떨림으로 구원을 이루어 가는 길입니다. 그 길 끝에는 기쁨과 영광이 기다리고 있을 것입니다.

"나는 날마다 십자가에 못 박히고, 오늘도 그리스도께서 내 안에 살아 역사하십니다."

## 교안

- 제목: 성화의 과정이 필요합니다
- 주제: 변하지 않는 나를 절망하지 말고, 날마다 자아를 십자가에 못 박는 성화의 길을 다시 걷는 것이다.
- 본문: 갈라디아서 2:20/ 베드로전서 1:9/ 로마서 8:13/ 빌 2:12
- 학습 목표: 성화는 순간이 아니라 과정임을 이해하고, 날마다 자아를 십자가에 못 박으며 주님과 동행하는 삶을 결단한다.

1. 아이스브레이크 (3분)

질문: "처음 신앙을 가졌을 때와 지금의 내 마음 상태는 어떤 차이가 있나요?"

은혜의 감격이 식을 수 있다는 공감을 이끌고, 성화의 필요로 연결함.

2. 말씀 나눔 (12분)

**1) 자아를 십자가에 못 박음** (갈 2:20)

"내가 그리스도와 함께 십자가에 못 박혔나니…."

매일 반복되는 선택: 오늘도 내 자아와 고집을 못 박고 주님의 생명에 맡김.

**2) 혼의 변화 — 성화의 실제** (벧전 1:9)

영혼(soul)은 마음·의지 → 쉽게 변하지 않는 영역. 말씀과 성령으로 새로워질 때 조금씩 그리스도의 형상을 닮아감.

**3) 성령 안에서의 싸움** (롬 8:13)

"영으로써 몸의 행실을 죽이면 살리라."

육신의 욕망을 따라가면 사망, 성령의 도우심으로 제어할 때 생명.

과정은 아프지만 끝은 기쁨과 자유.

**4) 구원을 이루어 가는 삶** (빌 2:12)

"두렵고 떨림으로 너희 구원을 이루라."

구원을 새로 만드는 것이 아니라, 이미 받은 구원을 삶으로 드러내는 것.

경외심으로 매일 구원을 확인하고 실천하는 삶.

3. 나눔 질문 (10분)

1) 처음 믿을 때와 지금을 비교했을 때, 내 안에서 어떤 변화가 있었나요?

2) "나는 날마다 십자가에 못 박힌다"는 고백을 내 삶에 어떻게 적용할 수 있을까요?

3) 내가 오늘 성령님께 맡겨야 할 '옛 성품'이나 습관은 무엇인가요?

4. 적용 & 결단 (3분)

개인 적용: 오늘 기도에서 "주님, 제 자아를 다시 십자가에 못 박습니다"라고 고백하기.

작은 실천: 이번 주 동안 하루 한 번 갈라디아서 2:20 말씀을 소리 내어 암송하며 성화의 길을 점검하기.

5. 기도 (2분)

"주님, 제 자아와 고집을 날마다 십자가에 못 박습니다. 오늘도 제 안에 사시는 그리스도를 믿고 의지합니다. 성령님, 제 생각과 감정을 새롭게 빚어 주시고, 주님의 형상으로 자라가게 하옵소서. 아멘."

# 24.

# 최고 목표

## (예수님 닮아가는 과정 필요함)

사람이 과연 온전한 자가 될 수 있을까요? 예수 그리스도의 장성한 분량까지 갈 수 있을까요? 성경은 "Yes"라고 답합니다. 온전한 자로 자라가면서 그리스도의 장성한 분량까지 도달할 수 있다고 합니다(엡 4:13). 믿는 것과 아는 일이 하나가 될 때 우리는 정말 성숙으로 나아가게 되는데, 차근차근 살펴볼까요?

"그리스도의 장성한 분량이 충만한 데까지 이른다"는 말씀이 마음에 오래 울리지요? 신앙은 예배 참석으로만 끝나지 않습니다. 결국 온전한 자로 자라가는 길이요, 예수님의 마음과 성품을 닮아가는 여정입니다. 오늘 우리는 믿음과 앎이 어떻게 하나로 엮이며, 그 결과가 왜 진짜 성숙으로 이어지는지를 함께 살펴볼 것입니다.

“하나님의 아들을 믿는 것과 아는 일에 하나가 되어 온전한 사람”(엡 4:13)이 되라고 초대합니다. 우리의 신앙이 얕아지는 이유는 한쪽이 빠졌기 때문이더라고요. 믿음만 강조하면 뜨겁지만 얕아지기 쉽고, 지식만 붙잡으면 차갑고 메마르기 쉽지요. 그래서 성경은 두 날개를 동시에 권하죠. 믿음으로 붙들고, 앎으로 깊어지는 길 말이에요.

“예수께서 그리스도이심을 믿는 자마다 하나님께로부터 난 자”(요일 5:1)라고 합니다. 여기서 믿는다는 것은 단순 동의가 아니라 삶을 맡기는 신뢰이며, 하루의 방향을 예수님께 맞추는 결단입니다. “주님, 오늘 제 선택의 기준이 되어 주세요”라고 고백하며 걸어가는 태도이지요.

반면 바울은 “예수 그리스도와 그가 십자가에 못 박히신 것”(고전 2:2) 외에는 알지 않기로 작정했다고 합니다. 정보가 늘어나는 앎이 아니고, 십자가의 능력을 체험으로 아는 앎을 가리킵니다. 눈으로만 아는 게 아니라 가슴으로 받아들이고, 손과 발로 살아내는 앎 말입니다. 이 앎이 믿음의 뿌리를 깊게 내려 줍니다.

그래서 자연스레 이런 공식이 나옵니다. 믿음(요일 5:1) + 앎(고전 2:2) = 온전한 자(엡 4:13)입니다. 믿음은 씨앗이고, 앎은 햇살과 물이에요. 씨앗만 있고 돌보지 않으면 메마르죠. 반대로 물을 줘도 씨앗이 없다면 싹이 트지 않지요. 둘이 함께할 때만, 생명은 푸르게 자라납니다.

그렇다면 '온전함'의 징표는 무엇일까요? 완벽주의가 아니라, 예수님을 닮아가는 방향성입니다. 조급한 마음 대신 인내가 자라나고, 미움 대신 용서가 조금씩 넓어지며, 불평 대신 감사가 습관처럼 입술에 머뭅니다. 실패해도 금세 포기하지 않고, 다시 주님의 손을 붙잡는 탄력이 생깁니다. 이 변화가 바로 장성으로 가는 표지판입니다.

"저는 아직 멀었는데요…가능한가요?" 하고 망설여지겠지만 괜찮아요. 성숙은 점프가 아니라 한 걸음이니까요. 어제보다 오늘 한 걸음, 오늘보다 내일 한 걸음이요. 성령님이 우리 안에서 조용히, 그러나 확실하게 자라게 하십니다. 낙심하지 말고, 멈추지만 않으면 됩니다.

또 한 가지, 성숙은 늘 함께 이루어진답니다. 에베소서 4장은 몸의 각 지체가 사랑 안에서 연결될 때 분량이 자란다고 강조하고 있습니다. 혼자만의 독주가 아니라, 서로 붙들고 격려하며 자라가는 합창이에요. 그래서 교회 공동체, 소그룹, 기도의 동역이 소중합니다.

넘어질 때도 있습니다. 그럴 때는 십자가 앞으로 다시 가면 됩니다. "주님, 제가 연약했어요. 그러나 다시 일어나겠습니다." 이 한마디가 회복의 시작이에요. 상한 갈대를 꺾지 않으시는 주님께서, 꺼져가는 등불을 끄지 않으시는 주님께서 부드럽게 일으키실 거예요.

결국 우리의 목표는 분명합니다. 그리스도의 장성한 분량이지요. 믿음으로 그분을 붙잡고, 앎으로 그분을 깊이 배워요. 그 두 줄기가 하나로 합쳐질 때, 우리는 온전한 자로 빚어져 갑니다.

오늘도 한 문장으로 마음을 정리해 볼까요? "믿음과 앎이 하나가 될 때, 나는 그리스도를 닮아간다."

"주님, 믿음으로 붙들고, 앎으로 깊어지겠습니다. 제 하루를 조용히 이끄셔서, 온전한 자로 자라가게 해주세요."

## 교안

- 제목: 온전한 자로 자라가요
- 본문: 에베소서 4:13/ 요한일서 5:1 / 고린도전서 2:2
- 주제: 믿음과 앎이 하나 될 때, 우리는 그리스도의 장성한 분량까지 자라간다.
- 학습 목표: 신앙 성숙의 본질을 배우고, 믿음과 앎을 균형 있게 키워가는 길을 결단한다.

1. 아이스브레이크 (3분)

질문: "신앙생활에서 믿음(열정)은 언제 크게 느껴졌나요? 또 앎(지식)은 언제 도움이 되었나요?"

믿음과 앎의 균형 필요성을 자연스럽게 연결.

2. 말씀 나눔 (12분)

**1) 믿음의 초대 — 요일 5:1**

"예수께서 그리스도이심을 믿는 자마다 하나님께로부터 났다."

믿음은 단순 동의가 아니라 삶의 방향을 주님께 맡기는 신뢰임.

고백: "주님, 오늘 제 선택의 기준이 되어 주세요."

**2) 앎의 깊이 — 고전 2:2**

바울: 예수 그리스도와 그가 십자가에 못 박히신 것 외에는 알지 않기로 결단함."

단순한 지식이 아니라 체험으로 아는 앎.

십자가의 능력이 머리에서 가슴으로, 그리고 손과 발로 이어지는 삶.

**3) 믿음 + 앎 = 온전한 자** (엡 4:13)

공식: 믿음(씨앗) + 앎(햇살과 물) = 성장

한쪽만 있으면 불균형. 두 날개가 함께할 때 성숙으로 자람.

**4) 성숙의 징표**

완벽주의가 아니라, 방향성임.

인내가 자라고, 용서가 넓어지고, 감사가 습관이 되고, 실패 앞에서도 다시 일어서는 탄력이 생김.

개인만이 아니라 공동체 안에서 함께 자라가는 합창.

3. 나눔 질문 (10분)

1) 내 신앙에서 믿음과 앎 중 어떤 부분이 약한가요?

2) '온전한 자로 자라간다'는 표현을 나의 현재 삶에 적용한다면 어떤 모습일까요?

3) 공동체 안에서 서로를 성숙으로 돕는 방법은 무엇일까요?

4. 적용 & 결단 (3분)

개인 적용: 이번 주에 '믿음의 고백 + 말씀 묵상'을 함께 실천하기.

한 문장 다짐: "믿음과 앎이 하나가 될 때, 나는 그리스도를 닮아 가요."

5. 기도 (2분)

"주님, 믿음으로 붙들고 앎으로 깊어지겠습니다. 제 하루를 조용히 이끄셔서, 온전한 자로 자라가게 하옵소서. 장성한 분량까지 인도하실 주님을 신뢰합니다. 아멘."

# 25.

# 진짜 복음, 다른 복음을 전하면 저주

청년이 예배당 문을 조심스레 열고 들어왔습니다. "말씀은 듣는데, 삶은 왜 이렇게 비어 있을까요?"라고 그가 속삭였어요. 목회자는 잠시 침묵하더니 조용히 물었습니다. "혹시 복음처럼 보이는 다른 것을 붙잡고 있는 건 아닐까요?" 그 순간 청년의 눈빛이 흔들렸지요. 우리도 비슷할 때가 있습니다. 복음을 정보로만 알고, 복음 안에서 살지 못할 때가 많거든요.

"우리나 혹은 하늘로부터 온 천사라도 우리가 너희에게 전한 복음 외에 다른 복음을 전하면 저주를 받을지어다"(갈 1:8).

성경은 선포합니다. "주 예수 그리스도의 아버지께서 그리스도 안에서 하늘에 속한 모든 신령한 복을 우리에게 주셨다"(엡 1:3). 하나님이 주시는 복은 일시적인 편안함이 아니라 영원한 생명과 동행의 은혜예요. 이 복은 스펙이나 성취의 보상이 아니라 전적인 은혜의 선물입니다. 그렇죠?

그분은 창세 전에 우리를 택하셔서 당신 앞에 거룩하고 흠이 없게 하시려 했습니다. 그리고 기쁘신 뜻대로 우리를 하나님의 아들과 딸로 예정하셨지요. 이 사실을 붙들면, 오늘의 작고 흔들리는 마음도 다시 숨을 쉽니다. 살아나죠.

우리는 때때로 '예정'이라는 단어를 어렵게 느낍니다. 하지만 성경의 예정은 배제나 차별이 아니라, 하나님이 먼저 사랑하셨다는 선언입니다. 세상의 기초가 놓이기 전에, 하나님은 우리의 이름을 부르시고 계획 안에 두셨어요. 이보다 더 안전한 보증이 있을까요?

그래서 구원은 인간의 공로를 쌓아 올린 탑이 아닙니다. 은혜의 사다리를 통해 하나님이 우리에게 내려오신 사건입니다. 이 진리를 믿을수록 교만은 낮아지고, 감사는 깊어집니다. 믿음은 그때 단단해집니다.

"우리는 그리스도 안에서 그의 은혜의 풍성함을 따라 그의 피로 말미암아 속량 곧 죄 사함을 받았느니라"(엡 1:7). 예수님의 십자가는 비극의 장면이 아니라 대속의 자리예요. 그분의 피는 단순한 상징이 아니라 죄의 값을 완전히 지불한 실재입니다. 그래서 우리는 더 이상 정죄 아래 머물지 않습니다. 자유입니다.

예수님은 장사되셨다가 사흘 만에 부활하셨고, 그로써 그리스도(주) 되심을 확증하셨습니다. 지금 그분은 살아 계시고, 우리 안에 임하셔서 다스리시고, 가르치시며, 깨닫게 하십니다. 이 복음을 붙들면, 어제의 사슬이 오늘 끊어집니다. 놀랍죠?

구원은 듣고 끝나는 소식이 아닙니다. 믿을 때 성령으로 인치심을 받습니다(엡 1:13). 이 인침은 하나님의 소유 표식, 곧 하늘의 도장입니다. 성령께서 우리 안에 거하시며, 날마다 '예수는 그리스도'이심을 마음 깊은 곳에서 확증해 주세요. 그래서 우리는 흔들려도 무너지지 않습니다.

성령은 우리의 위로자, 보혜사이시며, 동시에 진리로 인도하시는 스승이십니다. 그분은 말씀을 기억나게 하시고, 삶의 자리에서 순종을 가능하게 하셔요. 때때로 더딘 걸음 같아도, 성령이 함께하시면 방향은 틀리지 않습니다.

"예수는 그리스도이십니다." 이것은 복음의 한 문장이요, 생명의 전체입니다.

"예수께서 그리스도이심을 믿는 자마다 하나님께로부터 난 자니"(요일 5:1). 예수님은 선한 교사에 머무시지 않습니다. 우리 죄를 짊어지신 구세주이십니다. 십자가에서 우리의 형벌과 심판을 대신 담당하셨고, 부활로 생명의 주가 되셨습니다. 이분이 주이시며, 우리의 삶을 통치하시는 왕입니다. 그 고백이 오늘도 우리의 정체성을 새로 빚습니다.

그러므로 진짜 복음은 하나님 아버지께서 창세 전에 선택해 주셨고, 그의 기쁘신 뜻대로 하나님의 자녀로 예정하시고, 예수님의 피로 속량 곧 죄 사함을 받았다는 것을 복음으로 믿게 하심으로 성령으로 인을 쳐 주신 것입니다.

즉, 예수 그리스도께서 우리 죄를 위해 죽고 부활하셨으며, 지금 성령으로 우리 안에 거하십니다.

다른 복음: 인간 중심의 성공담, 행위로 점수 따려는 종교적 노력, 복을 수단화하는 왜곡된 메시지.

오늘날 교회 안팎에는 그럴듯한 구호가 많습니다. "행복이 곧 복음이다", "성공이 믿음의 증거다"…. 하지만 복음의 중심이 사람으로 이동하는 순간, 메시지는 변질됩니다. 그래서 바울은 단호하게 말했습니다. 다른 복음은 저주라고요(갈 1:8). 사랑이니까, 오히려 더 분명히 경고하는 것입니다.

우리가 지켜야 할 것은 간단하고도 명확합니다. 예수 그리스도의 죽으심과 부활, 그리고 성령의 내주하심을 중심에 둘 것. 이 기준을 떠나면 아무리 그럴듯해도 다른 복음이에요. 흔들리지 않도록 기준을 붙드세요.

오늘 우리는 이렇게 결단해 볼까요? "복음을 정보로만 소비하지 않고, 생명으로 살겠습니다." 말씀 앞에서 교만을 내리고, 은혜로 일어납시다. 작은 순종을 시작하고, 관계에서 화해를 선택하며, 숨은 자리에서 정직을 실천해 봅시다. 성령께서 힘을 주실 겁니다.

복음은 '좋은 이야기'가 아니라 하나님의 구원 역사입니다. 우리를 택하시고, 피로 구속하시고, 성령으로 인치신 하나님을 찬양합니다. 오늘도 선포해요. "예수는 그리스도이십니다." 그분 안에 길과 진리와 생명이 있습니다.

"주님, 진짜 복음을 붙잡게 하소서. 창세 전 선택과 예정의 은혜를 감사하고, 십자가의 속량과 죄 사함을 신뢰하며, 성령의 인침으로 담대히 살게 하옵소서. '예수님은 그리스도이십니다' 이 고백으로 오늘을 걷겠습니다. 아멘."

## 교안

- 제목: 진짜 복음, 다른 복음을 전하면 저주
- 본문: 갈라디아서 1:8/ 에베소서 1장

  "우리나 혹은 하늘로부터 온 천사라도 우리가 너희에게 전한 복음 외에 다른 복음을 전하면 저주를 받을지어다."
- 주제: 예수 그리스도만이 진짜 복음이시며, 그 외의 복음은 모두 저주받

을 다른 복음이다.

- 학습 목표: 진짜 복음의 핵심을 명확히 이해하고, 인간 중심의 다른 복음을 분별한다.

  예수 그리스도의 속량과 성령의 인침을 통해 구원의 확신을 가지게 한다.

  삶 속에서 복음의 본질을 붙들고 흔들리지 않는 믿음을 결단하게 한다.

1. 아이스브레이크 (3분)

(질문으로 마음을 열기)

요즘 '복음'이라는 단어를 들으면 어떤 이미지가 떠오르시나요?

혹시 '좋은 말, 위로의 이야기'로만 느껴지시나요?

그런데 성경은 복음을 '선한 소식' 그 이상으로 말합니다. 오늘 그 '진짜 복음'을 함께 살펴보겠습니다.

2. 본문 말씀 살피기 (10분)

**1) 하늘에 속한 모든 신령한 복** (엡 1:3)

하나님께서 주신 복은 세상적 성공이 아니라 하늘의 복입니다.

그 복은 곧 하나님과의 관계 회복이에요.

우리의 노력이나 자격이 아니라, 은혜로 택함 받은 사랑의 결과입니다.

**2) 선택과 예정 - 은혜**

하나님은 창세 전에 우리를 택하셨습니다.

이것은 인간의 공로가 아닌, 하나님의 기쁘신 뜻 때문이에요. 예정은 차별이 아니라, 하나님의 사랑의 보증입니다.

**3) 속량과 죄 사함 - 피의 복음**

예수님은 우리 죄를 대신해 십자가에서 피 흘리셨습니다. 그 피로 우리는 죄에서 해방되고, 심판에서 벗어나게 되었어요.

이것이 복음의 핵심입니다. — "예수는 그리스도이십니다."

**4) 성령의 인침 - 구원의 확증**

복음을 믿을 때, 하나님은 우리를 성령으로 인치셨습니다. 이 인침은 "너는 내 것"이라는 하나님의 선언이에요.

성령께서는 우리 안에서 예수님이 주님이심을 깨닫게 하십니다.

**5) 다른 복음의 경고** (갈 1:8)

복음을 인간 중심으로 바꾸면 그것은 이미 복음이 아닙니다.

'성공 복음', '물질 복음', '자기계발 복음'은 다른 복음이에요.

바울은 "그런 자는 저주를 받을지어다"라고 단호히 경고했습니다.

3. 나눔 (7분)

1) 내가 '복음'을 오해했던 부분은 무엇인가요?

2) 복음이 내 삶을 실제로 변화시킨 경험이 있나요?

3) 요즘 나를 흔드는 '다른 복음'은 어떤 모습으로 다가오나요?

4. 적용 (5분)

오늘 하루 "예수님은 그리스도이십니다"라는 고백을 어떻게 삶에 적용할까요?

내가 속한 공동체나 가정에서 진짜 복음을 전하는 한 가지 실천을 적어봅시다.

(예: 가족과 함께 기도하기, SNS에 복음 한 구절 올리기, 용서의 결단 실천하기 등)

5. 기도

"주님, 진짜 복음을 붙잡게 하소서. 다른 복음에 흔들리지 않고, 예수님이 그리스도이심을 믿으며 살게 하소서. 성령의 인침으로 날마다 새롭게 하시고, 그 사랑 안에 머물게 하소서. 아멘."

# 26.

## 복음 전하는 전도자의 삶

### (복음만이 사람을 바꿀 수 있습니다)

“예수님은 그리스도이십니다”를 전하는 인생으로, 오늘도 그 이름을 전하고 가르치는 복음의 전달자로 걸어가 보시면 어떨까 싶습니다.

도시는 바쁘고 마음은 분주한데, 그 와중에도 우리 심장 깊은 곳에서 계속 속삭이는 한 문장이 있습니다. “예수님은 그리스도이십니다.” 이 고백은 종교적 구호가 아니라 삶을 바꾸는 선언이지요.

앞에서도 말했듯이 그리스도는 기름 부음 받은 자, 왕이며 제사장이며 선지자라는 뜻입니다. 곧 예수님이 우리 구원의 유일한 주님이심을 드러내는 말입니다. 이 한 문장을 품고 살아가는 사람은 길을 잃은 시대에도 방향을 잃지 않게 될 것입니다.

복음을 전한다는 건 특별한 재능이 있어야 가능한 임무가 아닙니다. 육신을 입고 오신 예수님이 곧 그리스도이시며 주님이심을 삶과 말로 증언하는 태도입니다. 직장에서 동료에게 건네는 짧은 위로 한마디도 복음의 씨앗이 될 수 있고, 가족 식탁에서 나누는 작고 소박한 간증도 누군가의 내일을 밝히는 등불이 될 것입니다. 하나님 나라는 그렇게 조용하지만 단단하게 확장되곤 합니다.

왜 '예수는 그리스도'를 전하고 가르쳐야 할까요? 성경은 분명한 이유를 제시합니다. 먼저 요한일서 5장 1절은 "예수께서 그리스도이심을 믿는 자마다 하나님께로부터 난 자"라고 밝힙니다. 믿음은 하늘 가족으로 입양되는 통로입니다.

요한복음을 기록한 목적을 이렇게 말합니다. "예수께서 하나님의 아들 그리스도이심을 믿게 하려 함이요 또 너희로 믿고 그 이름을 힘입어 생명을 얻게 하려 함이니라"(요 20:31). 우리가 복음을 전할 때, 누군가의 영혼에는 실제로 생명이 시작될 것입니다.

또한 초대교회는 날마다 성전에서도, 집에서도 예수는 그리스도라 전하고 가르치기를 쉬지 않았습니다(행 5:42).

환경은 험했지만 입술은 멈추지 않았지요.

그리고 바울은 복음을 전할 때 "예수는 그리스도"라 증언하였습니다(행 18:5). 그의 중심에는 한 가지 메시지가 선명했는데, 그 단순함이 도시들을 흔들었고 사람들의 운명을 바꾸었습니다.

교회를 오래 다녔지만 마음에 만족함이 없었다는 한 형제님이 있었습니다. 작년 초에 4과를 마치고 8과 양육을 하면서 "예수님은 그리스도이십니다"의 과정을 깨닫고는 3번 연속 더 들으셨지요. 지금은 교회에서나 밖에서나 "예수님은 당신의 그리스도이십니다"라는 한 문장을 전하면서 복음을 전하는 전도자로 살고 있다고 합니다. 기쁨이 넘치는 형제님의 삶이 많이 달라져 있음을 봅니다.

복음은 그렇게 한 사람을 바꾸고, 또 다른 사람에게 이어지는 다리가 될 것입니다.

오늘부터 실천할 '복음 생활 루틴'입니다.

1문장 고백 — 아침에 거울 앞에서 "예수님은 그리스도입니다"라고 소리 내어 선언해요.

1인 중보 — 마음에 떠오르는 한 사람의 이름을 적고 매일 1분씩 축복기도를 드려요.

1건 섬김 — 작은 도움 한 가지를 실천하며 사랑으로 복음을 번역해 봅시다.

물론 망설임이 있어요. "괜히 어색해지면 어쩌죠?", "상대가 싫어하면 곤란한데요…" 이런 걱정이 고개를 듭니다. 그러나 담대함은 감정이 아니라 순종에서 자라납니다. 우리는 씨를 뿌리고, 자라게 하시는 분은 하나님이십니다. 때로는 침묵이 지혜일 때도 있지만, 침묵이 두려움의 다른 이름이 되지 않도록 마음을 점검하면 좋겠습니다.

복음은 말로만 전해지지 않아요. 말과 삶이 합쳐질 때 설득력이 생깁니다. 약속을 지키는 성실함, 실수했을 때 먼저 사과하는 용기, 누군가의 짐을 조금 들어 주는 친절은 복음을 위한 튼튼한 다리가 될 거예요. 그 다리를 건너가며 우리는 조용히, 그러나 깊이 예수님을 증언하게 됩니다.

혼자서는 멀리 가기 어렵지요. 공동체는 복음 전달자의 체력을 지켜 주는 기지입니다. 소그룹에서 서로의 이야기와 질문을 나누고, 함께 기도하며 배울 때 믿음은 견고해질 것입니다. 초대교회가 집과 성전에서 쉬지 않고 가르쳤던 이유도 바로 여기에 있습니다.

정리해 볼까요?

믿는 자가 하나님의 자녀(요일 5:1)가 된다고 확증하고, 복음을 기록한 목적이 생명(요 20:31)이라고 가르칩니다. 날마다 전하고 가르치는 공동체(행 5:42)를 보여주고, 바울이 “예수는 그리스도”(행 18:5)를 핵심 메시지로 삼았다고 증언합니다.

이 네 줄기의 물줄기가 모이면, 우리의 오늘은 복음의 강으로 바뀔 것입니다.

## 교안

- 제목: 복음 전하는 전도자의 삶
- 본문: 요한일서 5:1/ 요한복음 20:31/ 사도행전 5:42, 18:5
- 주제: "예수는 그리스도이십니다"를 삶과 말로 증언하는 복음 전달자의 길
- 학습 목표: 성도가 복음을 전하는 사명을 회복하고, 일상 속 작은 실천을 통해 복음의 다리가 된다.

1. 아이스브레이크 (3분)

질문: "여러분은 누군가에게 신앙을 직접 나눠 본 경험이 있나요? 어땠나요?"

전도의 부담감·두려움을 공감하며 시작.

2. 핵심 말씀 살피기 (10분)

1) '예수는 그리스도'의 의미

그리스도 = 메시아 = 기름 부음 받은 자

왕·제사장·선지자의 사명 성취(구원의 유일한 주님)

단순한 종교적 구호가 아닌, 삶을 바꾸는 선언

2) 성경적 근거

» 예수를 그리스도로 믿는 자마다 하나님께로부터 난 자(요일 5:1).

» 예수를 그리스도로 믿고 생명을 얻게 함(요 20:31).

» 초대교회는 날마다 성전과 집에서 쉬지 않고 가르침(행 5:42).

바울의 메시지 중심: “예수는 그리스도”(행 18:5).

3. 복음 전도의 실제 (10분)

**1) 복음은 말과 삶이 합쳐질 때 힘이 있다.**

약속 지키는 성실, 실수 후 사과하는 용기, 작은 친절이 복음의 다리.

회사, 가정, 이웃에서 작은 간증과 섬김이 씨앗이 됨.

**2) 짧은 간증 사례**

오래 신앙생활 했지만 삶의 변화가 없었던 형제님 → “예수님은 당신의 그리스도이십니다”라는 한 문장에 마음을 바꿈.

작은 고백이 삶을 바꾸고, 또 다른 이에게 이어짐.

**3) 복음 생활 루틴**(1-1-1)

1문장 고백: 아침마다 “예수님은 그리스도이십니다” 선언.

1인 중보: 한 사람을 정해 매일 1분 축복기도.

1건 섬김: 작은 친절 한 가지 실천.

4. 나눔과 적용 (5분)

**나눔 질문**

1) 내가 오늘 품고 기도할 '한 사람'은 누구인가요?

2) 복음을 나누는 것이 두렵게 느껴질 때, 나는 어떻게 반응하나요?

3) 이번 주 실천할 '1문장 고백, 1인 중보, 1건 섬김'은 무엇일까요?

5. 결론 & 기도 (2분)

복음을 전하는 일은 특별한 재능이 아니라 순종의 삶이다.
씨를 뿌리면 자라게 하시는 분은 하나님이시다.
오늘도 우리의 입술과 삶을 통해 '예수는 그리스도'가 전해질 수 있다.

"주님, 오늘도 저를 복음의 전달자로 세워 주셔서 감사합니다. '예수님은 그리스도이십니다'라는 고백을 제 입술에 담고, 제 삶으로 증언하게 하옵소서. 작은 친절과 섬김 속에서도 주님의 사랑이 드러나게 하시고, 담대히 복음을 전하는 전도자의 삶을 살게 하옵소서. 예수님 이름으로 기도합니다. 아멘."

에필로그

# 다시, 십자가 앞으로

이 책의 마지막 장에 이르렀습니다. 어쩌면 지금 이 글을 읽고 있는 당신의 마음에는 잔잔한 질문 하나가 남아 있을지도 모릅니다.

“그렇다면, 나는 지금 어디에 서 있는가?”

처음 이 책을 펼쳤을 때 우리는 죽음을 이야기했습니다. 피하고 싶지만 누구도 피할 수 없는 그 문 앞에서, 인생이 얼마나 유한한지, 그리고 오늘이 얼마나 소중한지 함께 생각해 보았습니다. 그리고 우리는 질문을 던졌지요.

나는 누구인가요?

왜 사람은 죽는가요?

죄란 무엇인가요?

예수님은 왜 이 땅에 오셨나요?

십자가와 부활은 나와 무슨 상관이 있나요?

이 질문들은 지식을 쌓기 위한 것이 아니었습니다. 정답을 맞히기 위한 시험도 아니었지요.

이 질문들은 오직 한 가지 목적을 향하고 있었습니다.

**“예수님은 정말 나의 그리스도이신가?”**

복음은 이론이 아니라 생명입니다. 복음은 단순한 교리가 아닙니다. 교회에 오래 다녔느냐, 직분이 무엇이냐와도 다릅니다. 복음은 사람을 살리는 하나님의 능력입니다. 예수님이 그리스도이심을 믿는 순간, 우리는 더 이상 죄의 종이 아니라 하나님의 자녀가 됩니다.

두려움의 인생에서 소망의 인생으로 옮겨집니다. 죽음이 끝이 아니라, 영원으로 이어지는 문이 됩니다. 그래서 이 책은 계속해서 한 문장으로 우리를 이끌어 왔습니다.

“예수님은 그리스도이십니다.”

이 고백은 너무 단순해 보일 수 있습니다. 그러나 이 고백 하나로 인생의 방향이 바뀌고,

영원의 목적지가 달라지며, 삶의 기준과 태도가 새로워집니다. 믿음은 과정이며, 성령님이 인도하십니다.

이 책을 읽었다고 모든 것이 완성되지는 않습니다. 믿음은 한 번의 결단으로 끝나는 이벤트가 아니라, 날마다 십자가 앞에 서는 여

정입니다. 때로는 흔들리고, 때로는 넘어지고, 때로는 "내가 정말 잘 가고 있나?" 의심이 들 때도 있을 것입니다.

그러나 기억해 주세요. 우리를 끝까지 붙드시는 분은 내가 아니라 성령님이십니다. 깨닫게 하시는 분도, 믿음을 자라게 하시는 분도, 다시 일어서게 하시는 분도 주님이십니다. 우리는 완벽해서 구원받은 것이 아니라, 은혜로 구원받았습니다.

그러므로 다시 십자가 앞으로 나아갈 수 있습니다.

오늘, 지금이 가장 중요한 시간입니다. 언젠가 믿겠다는 말은 결국 믿지 않겠다는 말과 다르지 않습니다. 내일로 미루는 결단은 오늘의 은혜를 흘려보내는 선택일 수 있습니다. 오늘이 바로 구원의 날입니다. 지금이 은혜의 시간입니다.

이 책을 덮는 이 순간, 당신의 마음에 작은 떨림이 있다면 그것은 성령님의 부르심일지도 모릅니다.

"주님, 저는 아직 부족합니다."

"주님, 저는 잘 모르겠습니다."

"주님, 그러나 예수님을 붙들고 싶습니다."

이 고백이면 충분합니다. 주님은 상한 마음을 외면하지 않으십니다.

다시 시작하는 자리에서 이 책이 당신을 교회로 인도했다면 감사한 일입니다. 이 책이 당신을 말씀 앞으로 이끌었다면 더 감사한 일입니다. 그러나 무엇보다, 이 책이 당신을 예수 그리스도께로 데려갔다면 그것으로 충분합니다.

이제 다시 삶의 자리로 돌아가야 합니다. 가정으로, 일터로, 관계 속으로 말이지요. 그러나 예전과는 다른 마음으로 돌아가시기를 기도합니다. 십자가를 아는 사람으로, 부활을 믿는 사람으로, "예수님은 그리스도이십니다"라고 고백하는 사람으로 말입니다.

마지막으로, 함께 고백하고 싶습니다.

이 책을 쓰게 하신 분은 하나님이십니다.

이 책을 읽게 하신 분도 하나님이십니다.

그리고 이 책을 통해 일하시는 분 역시 하나님이십니다.

그러므로 이 마지막 장에서 다시 한 번 이 고백으로 마치고 싶습니다.

"예수님은 그리스도이십니다."

하나님이신 예수님께서 육신을 입고 우리의 모든 죄를 담당하시고 십자가에서 죽으심을 믿습니다. 성경대로 장사된 지 3일 만에 부활하심을 믿습니다.

부활하신 그분이 그리스도(주님)가 되시고 내 안에 계시고 영원히 살아계시고 나와 함께 하심을 믿습니다.

십자가를 통과하셔서 나의 구원주가 되신 주님을 찬양합니다.

감사합니다, 고맙습니다, 사랑합니다.

이분만이 우리의 구원자이시며, 이분만이 우리의 길이요, 진리요, 생명이십니다.

이 고백이 당신의 오늘을 바꾸고, 당신의 내일을 인도하며, 당신의 영원을 밝히는 빛이 되기를 기도합니다. 주님의 은혜와 평강이 이 책을 덮는 당신의 마음 위에 조용히, 그러나 분명하게 머물기를 소망합니다.

# 예수님은 그리스도이십니다

1판 1쇄 인쇄 _ 2026년 1월 30일
1판 1쇄 발행 _ 2026년 2월 5일

지은이 _ 남재봉
펴낸이 _ 이형규
펴낸곳 _ 쿰란출판사

주소 _ 서울특별시 종로구 이화장길 6
편집부 _ 745-1007, 745-1301-2, 743-1300
영업부 _ 747-1004, FAX 745-8490
본사평생전화번호 _ 0502-756-1004
홈페이지 _ http://www.qumran.co.kr
E-mail _ qrbooks@daum.net / qrbooks@gmail.com
한글인터넷주소 _ 쿰란, 쿰란출판사
페이스북 _ www.facebook.com/qumranpeople
인스타그램 _ www.instagram.com/qrbooks
등록 _ 제1-670호(1988.2.27)
책임교열 _ 최진희·박은아

 ISBN 979-11-24013-53-3 93230